고사성어로 읽는
중국의 역사와 문화

중국국제방송국 인재공정자금지원 프로젝트

고사성어로 읽는

중국의 역사와 문화

─ 중국국제방송 박은옥 지음 ─

시그마북스
Sigma Books

고사성어로 읽는
중국의 역사와 문화

발행일　2014년 11월 10일 초판 1쇄 발행
지은이　중국국제방송 박은옥
발행인　강학경
발행처　시그마북스
마케팅　정제용, 신경혜
에디터　권경자, 양정희, 최윤정
디자인　홍선희, 최미영, 최지애
교정교열　안종군

등록번호　제10-965호
주소　서울특별시 영등포구 양평로 22길 21 선유도코오롱디지털타워 A404호
전자우편　sigma@spress.co.kr
홈페이지　http://www.sigmabooks.co.kr
전화　(02) 2062-5288~9
팩시밀리　(02) 323-4197
ISBN　978-89-8445-593-1 (03910)

* 이 책은 중국국제방송국 인재공정자금지원 프로젝트(中國國際廣播電台人才工程資助項目)로 만들어졌습니다.

차 례

중국과 한국은 오랜 문화 교류의 역사를 자랑하고 있는 가까운 이웃 나라다. 수천 년의 세월 속에서 양국은 지속적으로 우호 관계를 유지해 왔고, 이 과정에서 많은 것들을 나누고 공유하면서 서로 일맥상통一脈相通하는 찬란한 문명을 꽃피워 왔다. 풍우동주風雨同舟하면서 서로의 안위를 고민하고, 봉산개로逢山開路의 기백으로 함께 지혜를 모았던 역사의 순간들을 떠올리면 지금도 백감교집百感交集이다. 두 나라는 금석위개金石爲開의 신념으로 각기 나라와 민족의 앞날을 도모하면서 상호 이해의 폭을 넓혀 왔고, 문화의 동질성을 꾸준히 확대시켜 왔다. 특히, 양국 수교 이후 양국이 정치, 경제, 외교, 문화 등 사회 제반 분야에 걸쳐 많은 사람들이 주목하는 내실 있는 협력 성과를 거둘 수 있었던 것은 모두 타고난 정서적 친근감과 유교 문화권이라는 공통점이 작용했기 때문이라고 생각한다.

중국의 대표적인 대외방송사인 중국국제방송CRI은 중한 문화 교류의 현장에서 발빠른 움직임과 다양한 형식으로 한국 청취자들에게 유익한 정보와 풍부한 내용을 전달하기 위해 노력해 왔다.

고사성어故事成語란, 고대 중국어 특유의 고정 구조로 사용되거나 완정完整한 뜻을 나타내는 짧은 문장을 지칭하는데, 대부분 경전, 저작물 또는 고사故事에서 유래되어 오늘날까지 널리 사용되고 있다. 이에는 특정 인물이 겪었던 일에서 유래한 교훈이나 삶의 지혜가 녹아 있어 후세에 문화적으로 지대한 영향을 미쳤다.

중국국제방송의 〈문화 기행〉이라는 라디오 프로그램은 '고사성어'를 전문으로 취급하는 코너를 만들어 청취자들의 큰 호응을 이끌어 낸 바 있다. 그 사랑에 보답할 방법을 고민하던 중, 중국국제방송국 도서출판기금의 지원을 받아 『고사성어로 읽는 중국의 역사와 문화』라는 제목으로 한글 도서의 출판을 기획하게 되었다.

이 책에 수록된 100개의 고사성어가 독자들이 중국의 역사와 문화를 이해하는 데 도움이 되고, 이와 아울러 현대 중국인들의 가치관, 심미관과 사고방식의 뿌리를 살펴볼 수 있는 유익한 기회가 되었으면 하는 소박한 바람을 가져 본다.

원고 정리를 도와준 이경희 기자를 비롯한 방송국 동료들과 프로젝트의 모든 과정을 전폭적으로 지원해주신 중국국제방송국 동북아중앙아시아방송센터 김동광 부센터장님께 감사의 마음을 전한다.

아쉬움이 많은 구성임에도 선뜻 출판을 맡아주신 한국의 시그마북스 출판사 임직원 여러분들과 원고 교정에 많은 도움을 주신 조용성 한국 아주경제 베이징 특파원께도 감사의 마음을 전한다.

2014년 10월 베이징에서

박은옥

001

가도사벽家徒四壁

글자 풀이

집 가家, jiā, 무리 도徒, tú, 넉 사四, sì, 바람벽 벽壁, bì

뜻 풀이

'집안에 네 벽뿐'이라는 뜻으로, '집안 형편이 매우 어려움.'을 비유한 말이다.

유래

사마상여司馬相如는 『자허부』, 『상림부』 등 당대 최고의 명작으로 명성을 떨친 서한西漢의 문인이다. 어릴 적부터 독서를 즐겼던 사마상여는 소년기에 검술을 익혔고, 한나라 경제景帝 때 '무기상시武騎常侍'라는 벼슬을 지냈다.

사마상여는 사辭와 부賦에 능했지만 경제는 시사가부詩詞歌賦에 그다지 흥미가 없었다. 사마상여는 출세의 길이 보이지 않자 병을 핑계로 관직을 내놓고 양효왕梁孝王의 수하로 들어갔다. 양효왕이 죽자, 그는 고향인 촉蜀으로 돌아와 몹시 가난하게 지냈다. 그러던 중 소문을 들은 사마상여의 옛 친구 임공령臨邛令 왕길王吉이 "잘 보살펴 줄 터이니 임공현으로 오라."는 서신을 보내 왔다. 사마상여는 곧바로 그곳으로 떠났다.

임공현은 부유한 사람들이 모여 사는 곳이었다. '탁왕손卓王孫'이 라는 유명한 상인도 그곳에 살았는데, 현령 왕길의 귀빈 사마상여가 왔다는 소식을 듣고 자기 집으로 초대했다.

분위기가 한껏 무르익을 무렵, 왕길이 일어나더니 다음과 같이 말했다.

"사마장경司馬長卿께서 거문고를 잘 타신다고 들었습니다. 한 곡 부탁해도 되겠습니까?"

극구 사양하던 사마상여는 어느덧 분위기에 취해 거문고를 타기 시작했다. 이때 탁왕손의 딸 탁문군卓文君이 문 밖에서 거문고 연주 소리에 귀를 기울이고 있었다. 탁문군은 절세미인에다 음률 또한 밝았는데, 17세 나이에 과부가 되어 친정에서 지내고 있던 터였다. 수려한 용모의 남자가 연주하는 거문고 소리에 탁문군은 가슴이 뛰었다. 사마상여도 자신의 연주 모습을 엿보고 있는 탁문군에게 애틋한 감정을 느끼고, 연회가 끝난 후 탁문군의 시녀를 통해 자신의 절절한 사모의 정을 전했다. 탁문군도 사마상여의 마음을 받아들였다. 그러나 부잣집 딸이었던 탁문군과 가진 것 하나 없는 사마상여의 사랑은 쉽게 이루어지지 못했다. 어느 날 은밀히 만난 두 사람은 사마상여의 고향 성도成都로 도주하기로 마음먹었다.

함께 성도에 도착하니 그야말로 가도사벽, 집안에는 아무것도 없이 사방에 벽만 서 있었다. 그 후에도 탁문군은 극심한 가난에 적응하지 못했고, 두 사람은 다시 임공으로 돌아가 주막을 열어 생활고에서 벗어나보려고 했다.

훗날 탁문군의 부친 탁왕손은 결국 이들을 용서하고 많은 재산을 남겨주었다. 부유해진 사마상여는 한나라 무제의 총애를 받으면서 궁정 문인으로서 재능을 마음껏 펼치며 수많은 명작을 남겼다.

'가도사벽家徒四壁'이라는 고사성어는 바로 이 이야기에서 유래했다. 이는 '집안에 네 벽뿐'이라는 뜻으로, '매우 어려운 집안 형편'을 비유한 말이다.

건곤일척乾坤一擲

글자 풀이

하늘 건乾, qián, 땅 곤坤, kūn, 하나 일一, yí, 던질 척擲, zhì

뜻 풀이

'하늘과 땅을 걸고 한 번 주사위를 던진다.'라는 뜻으로, '모든 것을 걸고 마지막 결전을 벌임.', '일의 대소나 결과에 상관없이 한 번에 모든 것을 걸고 승부나 성패를 겨룸.'을 비유한 말이다.

유래

이 고사성어는 당나라의 유명한 문사인 한유가 홍구鴻溝, 오늘날의 하남 성를 지나다가 그 옛날 한왕 유방에게 '한판 승부 건곤일척'을 촉구한 장량張良, 진평陳平을 기리며 읊은 회고시 〈과홍구過鴻溝〉에 나오는 마지막 구절이다.

龍疲虎困割川原용피호곤할천원, 용은 지치고 범은 피곤하여 강을 나누니

億萬蒼生性命存억만창생성명존, 만천하 백성들의 목숨이 보존되도다

誰勸君王回馬首수권군왕회마수, 누가 군왕에게 말머리를 돌리도록 권하여

眞成一擲賭乾坤진성일척도건곤, 진정 '건곤일척'의 성패를 겨루게 했는가

　3년 동안의 수많은 전투를 치른 끝에 진秦나라를 멸하고 스스로 초패왕楚覇王이 된 항우는 팽성彭城을 도읍으로 정한 후, 의제義帝를 초나라의 황제로 삼았다. 그리고 유방을 비롯해서 진나라 타도打倒에 기여한 유공자들을 왕후王侯로 봉하자, 천하는 일단 안정되었다. 그러나 이듬해 의제가 시해弑害되고, 논공행상에 불만을 품은 제후들이 각지에서 반기를 들자, 천하는 다시 혼란에 빠졌다.

　항우가 제齊, 조趙, 양梁 등의 나라를 전전하면서 전영田榮, 진여陳餘, 팽월彭越 등의 반군을 진압하는 사이, 유방은 관중關中을 합병하고, 이듬해 의제 시해에 대한 징벌을 구실로 56만 명의 대군을 이끌고 단숨에 팽성을 공략했다.

　그러나 급보急報를 받고 달려온 항우가 반격하자, 유방은 아버지와 아내를 적의 수중에 남겨둔 채 겨우 목숨만 부지하여 형양滎陽으로 패주했다.

　그 후 병력을 보충한 유방은 항우와 일진일퇴一進一退의 공방전을 계속하다가 홍구를 경계로 천하를 양분하고 싸움을 멈췄다. 항우는 유방의 아버지와 아내를 되돌려보내고 팽성을 향한 철군 길에 올랐다. 이어 유방도 철군하려 하자, 참모인 장량과 진평이 유방에게 진

언했다. "한나라는 천하의 태반을 차지하고 제후들도 따르고 있지만 초나라는 군사들이 몹시 지쳐 있는데다가 군량마저 바닥났습니다. 이것이야말로 초나라를 멸망시키라는 하늘의 뜻이오니, 당장 초나라 군대를 무찔러야 하옵니다. 지금 공격하지 않으면 '호랑이를 길러 후환을 남기는 꼴양호유환'이 될 것이옵니다."

이에 마음을 굳힌 유방은 말머리를 돌려 항우를 추격했다. 이듬해 유방은 한신韓信, 팽월 등의 군사와 더불어 해하垓下에서 초나라 군대를 포위하고 '사면초가四面楚歌' 작전을 폈다. 이 전투에서 참패한 항우는 오강烏江으로 패주하여 자결하고, 유방은 천하통일의 대업을 이루었다.

'건곤일척乾坤一擲'이라는 고사성어는 바로 이 이야기에서 유래했다. 이는 '하늘과 땅을 걸고 한 번 주사위를 던진다.'라는 뜻으로, '일의 대소나 결과에 상관없이 한 번에 모든 것을 걸고 승부나 성패를 겨룬다.'라는 말이다.

003

견리망의見利忘義

글자 풀이

볼 견見, jiàn, 이로울 이利, lì, 잊을 망忘, wàng, 옳을 의義, yì

뜻 풀이

'이익에 눈이 어두워 의리를 잊는다.'라는 뜻이다.

유래

기원전 195년 한나라 유방劉邦이 죽고, 황후 여후呂后의 소생인 유영劉盈이 왕위를 계승했지만 어린 나이에 죽고 말았다. 여후는 여씨 일족이 정권을 장악하도록 하기 위해 "유씨 외의 다른 성姓을 가진 자를 왕으로 봉해서는 안 된다."라고 한 유방의 유언을 어기고 조카 여록呂祿을 왕에 봉한 후 도성을 통제할 수 있는 북군을 손에 넣었다.

여후가 죽자, 여씨 일족은 권력을 잡기 위해 날뛰었다. 위기에 직면한 한나라를 구하기 위해 태위 주발周勃과 승상 진평陳平이 함께 계책을 논의했다. 병부를 손에 넣는 것이 군사를 이동시킬 수 있는 관건인데, 병부를 장악한 여록이 군영을 좀처럼 떠나지 않자 주발과 진평은 여록의 친한 벗 역기酈寄를 이용해 그의 병권을 뺏기로 마음 먹었다. 역기는 재상 역상酈商의 아들이었다.

주발이 역상을 찾아가 단도직입적으로 말했다.

"여씨들이 대권을 손에 넣으려 하오. 그렇게 되면 우리와 같은 개국공신들은 꼼짝없이 참살당하게 될 것이고, 당신의 목숨 또한 위태로워질 것이오. 한나라를 위하는 것은 물론, 자네 일가족을 위해서라도 손을 놓고 있을 수만은 없지 않겠소?"

주발의 말에 사태의 심각성을 깨달은 역상이 되물었다.

"그럼, 우리가 어떻게 하면 되겠소?"

주발이 대답했다.

"승상께서 아들 역기를 시켜 여록을 북군으로 불러내 잡아두기만 하면 나머지는 우리가 알아서 할 것이오."

역기는 부친의 명에 따라 여록에게 사냥을 가자고 꾀어냈다. 자신을 함정에 빠뜨리려는 계책임을 전혀 눈치채지 못한 여록은 한 치의 의심도 없이 따라 나섰다. 두 사람은 100여 명의 부하들을 거느리고 성을 나섰고, 얼마 지나지 않아 매복한 군사들에게 붙잡히고 말았다.

결국 여록은 병부를 주발에게 넘겨줄 수밖에 없었다. 주발은 군사들을 모아 놓고 다음과 같이 말했다.

"여씨를 위해 목숨을 바칠 자는 오른쪽 어깨를 내놓고, 유씨를 위해 목숨을 바칠 자는 왼쪽 어깨를 내놓으라."

그러자 여씨를 미워하던 군졸들은 모두 왼쪽 어깨를 드러내놓았다. 주발이 군사를 이끌고 왕궁을 점령하고 여씨 일족을 멸하면서 여씨들의 정치적 음모는 막을 내리게 되었다.

　　『한서·역상전漢書·酈商傳』은 이 역사적인 사실을 기록하면서 당시의 여론에 대해 다음과 같이 평가했다.

　　'역기가 벗을 배반한 것은 이익을 위해 도의를 버린 것이다견리망의.'

　　'견리망의見利忘義'라는 고사성어는 바로 이 이야기에서 유래했으며, '이익을 위해 도의를 버린다.'는 것을 비유한 말이다.

004

견벽청야 堅壁淸野

글자 풀이

굳을 견堅, jiān, 바람벽 벽壁, bì, 맑을 청淸, qīng, 들 야野, yě

뜻 풀이

'성벽을 굳게 하고, 곡식을 모조리 거둬들인다.'라는 뜻이다. 이는 중국 고대로부터 사용해 온 적의 양식 조달을 차단하는 전술 중의 하나를 말한다.

유래

하루가 멀다 하게 전쟁이 계속되던 동한東漢 말, 동탁童卓이 반란을 일으켜 나라가 분열 위기에 처하자, 순욱은 관직을 버리고 고향인 영천으로 돌아왔다. 그러나 얼마 후 동탁이 군사를 거느리고 영천으로 쳐들어와 재물을 약탈하고, 사람들을 처참하게 죽였다. 순욱은 조조를 찾아가 몸을 의탁하려 했다. 일찍이 순욱의 총명함을 전해 들었던 조조는 몹시 기뻐하며 그를 반겨주었고, 그를 사마로 임명했

다. 이때 순욱의 나이는 29세였다.

조조의 신임을 받은 순욱은 밤을 새워 가며 신묘한 계책들을 내놓아 조조의 기대를 저버리지 않았다. 조조 역시 큰일이 생길 때마다 가장 먼저 순욱의 의견을 물었다.

한번은 조조가 무장 여포呂布를 맹공격할 때였다. 여포가 장기전으로 맞서자, 지루함을 느낀 조조가 서주를 탐내게 되었고, 군사를 돌려 서주를 장악하고 싶어했다. 쉽게 결단을 내리지 못하던 조조가 순욱의 생각을 물었다. 그러자 순욱이 대답했다.

"전한前漢 고조 유방劉邦이 천하를 장악할 때 가장 먼저 관중을 손에 넣었습니다. 후한의 광무제 유수劉秀가 천하를 제패할 때에도 하내河內를 먼저 점령했습니다. 그들이 고난과 실패를 겪으면서도 결국 전쟁을 승리로 이끌 수 있었던 것은 근본을 굳건히 해야 천하를 제패할 수 있음을 알았기 때문입니다. 그렇게 해야만 적을 이기고, 물러나더라도 흔들리지 않을 수 있습니다.”

순욱은 조조의 표정을 살피고는 계속 말을 이어 나갔다.

“주공께서 현재 점령하고 있는 곳은 천하의 요충지입니다. 마음속으로 기뻐하며 따르고 있는 이곳 백성들의 안정을 우선 위하는 것이 마땅하다고 사료되옵니다. 더욱이 주공께서 갖고 싶어하는 서주는 쉽게 얻을 수 있는 땅이 아닙니다. 그곳에서는 곧 수확을 시작합니다. 그들은 성벽을 견고히 하고 땅의 곡식을 모두 거둬들인 후견벽청야 주공이 쳐들어오기만을 기다리고 있을 것입니다. 지금 서주 땅을 공격해도 함락할 수 없을 뿐만 아니라 약탈을 하더라도 수확이 없을 것이고, 10일도 못 되어 10만 명의 아군이 곤경에 빠질 것입니다. 그러하오니 서주 공격을 잠시 미루는 것이 좋을 듯싶습니다.”

순욱의 권고를 들은 조조는 서주 공격을 잠시 미루기로 했다. 조조는 군사들에게 명령을 내려 곡식을 모조리 수확하고 난 후에 다시 여포와 싸웠고, 결국 여포는 패하고 도망갔다.

‘견벽청야堅壁淸野’라는 고사성어는 바로 이 이야기에서 유래했다. 이는 ‘성벽을 굳게 하고 곡식을 모조리 거둬들인다.’라는 뜻으로, 적의 양식 조달을 차단하는 전술 중의 하나를 말한다.

005

경궁지조驚弓之鳥

글자 풀이

놀랄 경驚, jīng, 활 궁弓, gōng, 갈 지之, zhī, 새 조鳥, niǎo

뜻 풀이

'화살에 놀란 새가 구부러진 나무만 보아도 놀란다.'라는 뜻으로, '한 번 놀란 사람이 조그만 일에도 겁을 내어 위축됨.'을 비유한 말이다.

유래

전국 말기에 강대한 국력을 앞세운 진秦나라는 주변 나라인 제齊, 초楚, 연燕, 한韓, 조趙, 위魏 등의 제후국들에게 큰 위협으로 다가왔다. 각 나라 제후들은 힘을 뭉쳐야 한다는 데에 의견을 모으고, 연합군을 결성해 진나라를 치기로 했다.

초나라는 임무군臨武君을 연합군의 대장군으로 임명했다. 그러나 임무군은 과거 진나라와의 전투에서 번번이 패했던 경험이 있었기 때문에 사람들은 크게 걱정했다. 조나라 대부 위가魏加도 이 사실을 알고 못마땅해했다.

위가는 초나라의 재상 신춘군中春君을 만나 물었다.

"들리는 소문에 임무군이 대장군으로 임명되었다고 하던데, 그것이 사실인지요?"

그러자 신춘군이 되물었다.

"그렇습니다. 우리 주군의 뜻이 그러합니다만, 혹시 무슨 문제라도 있는 것입니까?"

그러자 위가는 신춘군에게 다음과 같은 이야기를 들려주었다.

"어느 날 갱영更羸과 위나라 왕이 한담閑談을 나누고 있을 때였습니다. 기러기 한 마리가 허공을 가로지르면서 날아왔지요. 이를 본 갱영이 위나라 왕에게 '제가 활시위만 튕겨 저 기러기를 떨어뜨려보겠습니다.'라고 말하자, 위나라 왕은 그런 활재주는 들어본 적이 없노라며 감히 왕을 농락한다고 대노했습니다. 그러자 갱영은 '신하된 자로서 어찌 임금님을 농락하겠사옵니까?'라고 말한 후 활을 들어 빈 시위줄을 튕겼습니다. 이때 그곳을 지나가던 기러기가 땅에 떨어졌습니다. 위나라 왕은 놀라움을 금치 못하면서 '정말 신묘한 궁술이구나. 과거 궁술의 대가였던 양유기도 너를 따를 수 없겠구나.'라며 극찬을 했답니다. 위나라 왕이 칭찬을 하자, 갱영이 솔직하게 대답했습니다. '폐하, 저의 궁술이 뛰어나서가 아니라 기러기가 상처를 입었기 때문입니다. 기러기는 허공을 낮게 날고 있었고, 울음소

리 또한 처량했습니다. 제가 퉁긴 활시위 소리를 들은 기러기는 화살이 자기에게 날아오는 줄 알고 급히 고공으로 날아오르려다가 결국 상처를 못 이기고 땅에 떨어져 죽은 것입니다.'"

이야기를 끝낸 위가는 말을 이었다.

"임무군이 진나라와의 싸움에서 번번이 패했기 때문에 이제는 담이 콩알만 해졌겠지요. 그런 사람을 대장군으로 임명하셨으니 사람들이 어찌 걱정하지 않겠습니까? 임무군은 화살에 놀란 새와도 같아 경궁지조 지금쯤 진나라의 이름만 들어도 벌벌 떨 것입니다. 그러하오니 재상께서 왕에게 고하여 이번 임명을 재고해주시기 바랍니다."

위가의 말이 옳다고 판단한 신춘군은 초나라 왕에게 이를 고했고,

결국 초왕도 임무군에 대한 임명을 거두었다.

'경궁지조驚弓之鳥'라는 고사성어는 바로 이 이야기에서 유래했다. 이는 '화살에 놀란 새가 구부러진 나무만 보아도 놀란다.'라는 뜻으로, '한 번 놀란 사람이 조그만 일에도 겁을 내어 위축됨.'을 비유한 말이다.

006

고산유수高山流水

글자 풀이

높을 고高, gāo, 뫼 산山, shān, 흐를 류流, liú, 물 수水, shuǐ

뜻 풀이

'기묘한 노래 가락을 비유하거나 서로 마음을 잘 알아주는 친구 간의 관계'를 비유한 말로, '극진한 사이', '미묘한 노랫가락' 등의 뜻으로 사용한다.

유래

유백아愈伯牙는 중국 춘추시대의 탁월한 거문고 연주가로, '성련成連'이라는 스승으로부터 거문고를 사사받았다. 그러나 3년이 지나도록 더 높은 경지에 이르지 못하자, 스승 성연은 유백아에게 다음과 같이 말했다. "나는 너에게 거문고를 가르칠 수는 있지만 심성까지 가르칠 수는 없구나. 동해에 계시는 나의 스승 방자춘方子春은 북과 거문고에 능할 뿐만 아니라 사람의 심성도 고칠 수 있으니, 그 분을 찾아뵙고 가르침을 받아보거라."

유백아는 스승의 권유를 받아들이기로 했다.

동해 봉래산에 도착하니 함께 간 성련이 백아에게 말했다. "여기에서 거문고를 연습해라. 때가 되면 스승님께서 너를 가르쳐줄 것이다." 그런 다음, 곧장 배를 타고 돌아갔다.

홀로 남은 유백아는 새벽부터 밤늦게까지 그곳에서 거문고를 연습했고, 시간이 날 때면 봉래산의 경치들을 돌아보곤 했다. 우거진 산림과 유유히 흐르는 시냇물, 새들의 지저귀는 소리와 바다의 웅장한 모습은 그 자체가 아름다운 선율이었다. 그가 떠오르는 영감을 거문고 현에 담자, 처음 듣는 선율이 탄생했다. 그 후부터 유백아의 거문고 연주는 높은 경지에 이르게 되었다.

한번은 유백아가 태산에서 유람하고 있을 때였다. 갑자기 폭우가 쏟아지자, 유람을 멈추고 산기슭에서 비가 멈추기를 기다렸다. 주룩주룩 내리는 빗소리는 유백아의 감성을 자극했고, 자신도 모르게 거문고를 꺼내 연주를 하기 시작했다. 이때 젊은 나무꾼도 같은 곳에서 비를 피하며 조용히 거문고 소리를 경청했다. "이는 분명 비를 맞는 소리로군요." 젊은 나무꾼의 말에 유백아는 일부러 손가락에 힘을 주어 높은 산高山을 연주했다. "마치 태산을 보는 것 같습니다." 나무꾼이 탄복했다. 이번에는 흐르는 물流水을 연주하자 나무꾼은 "호호탕탕한 강물을 보는 것 같습니다."라고 말했다. 유백아는 거문고를 내려놓고 나무꾼의 손을 잡으며 감격에 겨워했다. "당신은 진정 나의 소리를 알아주는 사람이로군요."

비가 그치고 날이 개자, 두 사람은 바위에 앉아 담소를 나누었다. 백아는 나무꾼의 이름이 '종자기鍾子期'이며, 해박한 지식과 원대한 포부를 가진 청년임을 알게 되었다.

『열자·탕문列子·湯問』의 기록에 따르면, 사대부였던 백아는 나무꾼인 종자기와의 현격한 신분 차이에도 불구하고 자신의 거문고 소리를 즐겼던 종자기와 좋은 벗이 되었으며, 그 우애가 마치 친형제와 같았다고 한다. 후에 종자기가 죽자, 백아는 무덤에 찾아가 제를 지내고 슬픈 노래를 연주했다. 유백아는 눈물을 흘리면서 "이제는 내 소리를 들을 줄 아는 지음知音이 없으니, 어찌하면 좋을꼬!"라고 한탄하면서 거문고를 부숴 버렸고, 다시는 거문고를 연주하지 않았다고 한다.

'고산유수高山流水'라는 고사성어는 바로 이 이야기에서 유래했으며, '매우 친한 친구 간의 우정', '미묘한 음악' 등을 비유한 말이다.

007

과전이하 瓜田李下

글자 풀이

오이 과瓜, guā, 밭 전田, tián, 오얏나무 리李, lǐ, 아래 하下, xià

뜻 풀이

'과전불납리瓜田不納履 이하부정관李下不整冠'의 줄임말이다. '오이밭
에서 신발 끈을 고쳐 매지 말고, 오얏나무 아래에서 갓을 고쳐 쓰지
말라.'는 뜻으로, '의심받을 행동은 처음부터 하지 말아야 함.'을 비
유한 말이다.

유래

전국시대 제나라 위왕 때의 일이다.

위왕이 즉위한 지 9년이나 되었지만 간신 주파호가 국정을 제멋대
로 운영해 오던 탓에 나라꼴이 말이 아니었다. 그래서 이를 보다 못
한 후궁 우희가 위왕에게 아뢰었다.

"전하, 주파호는 속이 음흉한 사람이오니, 그를 내치시고 북곽 선

생과 같은 어진 선비를 등용하시옵소서.”

이 사실을 알게 된 주파호는 우희와 북곽 선생은 전부터 서로 좋아
하는 사이라고 우희를 모함하기 시작했다.

이를 믿게 된 위왕이 우희를 옥에 가두고 관원에게 철저히 조사하
라고 명했지만 이미 주파호에게 매수된 관원은 억지로 죄를 꾸며내
려고 했다.

그러나 위왕은 그 조사 방법이 이해되지 않았다. 그래서 위왕이
우희를 불러 직접 묻자, 그녀는 다음과 같이 대답했다.

“전하, 신첩이 일편단심으로 전하를 모신 지 10년이 되었사오나
지금은 불행히도 간신들의 모함에 빠졌나이다. 신첩의 결백은 청천
백일과 같사옵니다. 만약 신첩에게 죄가 있다면 그것은 ‘오이밭에
서 신발 끈을 고쳐 매지 말고, 오얏나무 아래에서 갓을 고쳐 쓰지 말
라.’라고 한 선인들의 말을 따르지 않고 남에게 의심받을 일을 피하
지 못했다는 점과 신첩이 옥에 갇혀 있는데도 누구 하나 변명해주는
사람이 없었다는 것으로, 이는 제 부덕의 소치입니다. 이제 신첩에
게 죽음을 내리신다고 하더라도 더 이상 변명하지 않겠사오니 주파
호와 같은 간신만은 내쳐주시옵소서.”

위왕은 우희의 충심어린 호소를 듣고 크게 깨달았다. 위왕은 당장
주파호 일당을 잡아 죽이고 어지러운 국정을 바로잡았다.

한편, 『구당서·유공권전舊唐書·柳公權傳』에는 다음과 같은 이야기
가 나온다.

당나라 문종 황제가 '곽녕郭寧'이라는 관원을 우녕鄜寧, 오늘날의 섬서성 우현지방의 지방관으로 임명한 적이 있는데, 당시 적지 않은 사람들이 '이는 곽녕이 두 딸을 대궐에 들여보냈기 때문'이라고 수군거렸다.

이에 황제가 충직하고 직언을 서슴지 않는 유공권에게 "곽민의 두 딸은 태후의 적적함을 달래주기 위해 입궐한 것이지, 짐과는 전혀 상관이 없노라."라고 말하자, 유공권은 "오이밭이나 오얏나무 밑에서 생기는 혐의를 어찌 모든 사람이 이해할 수 있겠나이까?과전이하"라고 대답했다고 한다.

'과전이하瓜田李下'라는 고사성어는 바로 이 이야기에서 유래했다. 이는 '오이밭에서 신발 끈을 고쳐 매지 말고, 오얏나무 아래에서 갓을 고쳐 쓰지 말라.'는 뜻으로, '의심받을 행동은 처음부터 하지 말아야 함.'을 비유한 말이다.

008

구밀복검口蜜腹劍

글자 풀이

입 구口, kǒu, 꿀 밀蜜, mì, 배 복腹, fù, 칼 검劍, jiàn

뜻 풀이

'입으로는 달콤하게 말하면서 뱃속에 칼을 품고 있다.'라는 뜻으로, '웃음 속에 칼을 품다.', ' 교활하고 음흉한 사람'을 비유한 말이다.

유래

당현종唐玄宗 재위 때의 재상이었던 이임보李林甫는 잔꾀가 많은 사람이었다. 그는 관직을 맡은 지 얼마 지나지 않아 재상인 원건요源乾曜의 아들을 알게 되었고, 이 인맥을 이용해 '국자감 사업'이라는 말단직에서 '어사대부'라는 고위직으로 고속 승진하게 되었다. 그 후 관리들의 임명과 파면을 관리하는 '이부시랑'이라는 요직을 차지하게 되었다.

요직에 오른 이임보는 자신의 연기력을 발휘하기 시작했다.

한 번은 이임보가 문관들의 승진을 주관하게 되었다. 이때 황족인 영왕寧王이 측근 10명을 추천했는데, 이임보는 이를 거절했다. 그는 이들의 승진을 막았을 뿐만 아니라 심지어 이들의 관직을 한 등급씩 낮추어 놓았다. 이러한 조치를 취한 후 그는 영왕에게 그럴듯하게 아뢰었다.

"이번에 이들을 승진시키지 않은 것은 세자 전하와 저의 공정함을 보여주기 위해서였습니다. 제 관직이 더 높아지면 꼭 이들을 좋은 자리에 발탁할 것입니다."

이임보의 이러한 연기력이 효력을 발휘하여 얼마 지나지 않아 '일인 지하 만인지상一人之下 萬人之上'의 재상 지위에 오르게 되었다.

당현종 24년, 낙양洛陽을 순행하고 난 현종이 장안長安으로 돌아가려고 하자, 한 대신이 말했다.

"아직 가을 곡식을 거두어들이지 않았는데 황제께서 대량의 인마와 함께 장안으로 돌아가신다면 밭에 있는 곡식들을 밟아서 그 피해가 클 것입니다. 따라서 봄에 돌아가심이 가당한 줄로 아뢰옵니다."

이 말을 들은 당현종은 몹시 화가 났다. 이때 이임보가 당현종에게 말했다.

"폐하께서는 곡식 피해 같은 것은 염려하지 마시고 장안으로 돌아가십시오. 피해를 본 곡식들은 부세를 면제해주면 될 것이오니 봄까지 기다릴 필요가 없습니다."

이임보의 말에 당현종은 크게 흐뭇해했고, 그에 대한 신망이 더욱

두터워졌다.

한편, 이임보가 조정에서 눈에 든 가시처럼 여기는 사람이 있었으니, 그가 바로 다른 재상 '장구령張九齡'이었다. 얼마 후 이임보는 음모를 꾸미며 장구령을 조정에서 밀어내고 자신은 '중서령'으로 승진했다.

이임보는 자신을 위해 '월당'이라고 부르는 건물을 지었는데, 정직한 대신들을 음해할 때면 이곳에서 일을 꾸미곤 했다.

그가 이 '월당'에서 웃음을 띠고 나오면 그 다음 날에는 예외 없이 수백 명의 사람들이 죽어 나가곤 했다. 너무나 많은 사람을 죽였기 때문에 그 자신도 억울하게 죽은 사람들의 혼백이 찾아올까 두려워 전전긍긍했다. 밤에 잠을 잘 때에도 여러 거처 가운데 한곳을 임의로 정했는데, 이 때문에 집안 식구들도 그가 어느 곳에서 잠을 자는지 알 수 없었다고 한다.

이임보는 겉으로는 사람들을 부드럽게 대하고 상대방의 마음에 드는 말들을 골라했지만 배후에서는 살인을 하고도 눈 한번 깜짝하지 않았다. 그 후에 사람들은 그의 진면목을 알게 되었고 이임보를 "입에는 꿀을 바르고 속에는 칼을 품었다구밀복검."라고 평가했다.

사람들 앞에서 듣기 좋은 말은 다하고 뒤에서는 나쁜 짓만을 일삼았던 이임보는 결국 역사에 지울 수 없는 오명을 남기고 말았다.

'구밀복검口蜜腹劍'이라는 고사성어는 바로 이 이야기에서 유래했다. 이는 '입으로는 달콤하게 말하면서 뱃속에 칼을 품고 있다.'라는 뜻으로, '교활하고 음흉한 사람'을 비유한 말이다.

009

귀마방우 歸馬放牛

글자 풀이

돌아올 귀歸, guī, 말 마馬, mǎ, 놓을 방放, fàng, 소 우牛, niú

뜻 풀이

'말을 돌려보내고 소를 풀어놓는다.'라는 뜻으로, '더 이상 전쟁을 하지 않는 평화로운 시대'를 비유한 말이다.

유래

상商나라 주왕紂王은 소문난 폭군으로 역사에 기록되어 있다. 그는 아부하는 사람에게는 관직과 상을 주고 정직한 사람은 옥에 가두거나 죽여 버렸다. 또 선조들의 제사를 등한시하는가 하면 친족들을 모두 성 밖으로 추방하여 대신들과 귀족들의 미움을 샀다.

사람들의 원성이 점점 높아지자, 주周나라 무왕武王은 힘을 모아 천하의 역적 상주왕을 토벌해야 한다고 제후들을 선동했다. 주무왕은 기라성 같은 맹장들과 수만 명의 정예 기병을 이끌고 맹진孟津, 하남

성 맹현 남쪽에서 전쟁에 가담하려는 제후들과 회합을 가졌다. 그들은 용庸, 촉蜀, 강羌, 무髳, 노盧, 팽彭, 미微 등의 제후들이었는데, 일제히 주무왕을 맹주로 추대하며 승리를 다짐했다.

주무왕 즉위 13년 주력 1046년 2월 5일, 동녘이 밝아오자 주무왕은 제후 연합군을 이끌고 상나라의 조가朝歌, 오늘날의 하남 기현에 입성했다.

사기충천한 군사들로 들끓는 가운데, 주무왕은 왼손에는 황금빛으로 번뜩이는 큰 도끼를 들고 오른손에는 흰 깃발을 치켜세우며 제후들을 향해 말했다.

"여러 제후들이여! 우선 대역 죄인인 상나라 주왕을 토벌하여 천하의 평화를 이루고자 먼 길을 달려온 장군들에게 경의를 표한다. 옛말에 '암탉이 울면 집안이 망한다.'라고 했다. 모두가 알고 있듯이 상나라 주왕은 '달기'라는 요녀의 계략에 빠져 선조들의 제사마저 중단하고 나라를 어지럽히고 있다.

어디 그뿐이겠느냐? 친족을 등용하지 않고, 죄를 짓고 도망온 자들만 신임하고 중용하니 포악한 관리들의 악행으로 무고한 백성들이 죽임을 당하고 고통 속에서 살고 있다. 오늘 나는 하늘의 뜻을 받들어 장군들과 함께 대역 죄인인 주나라 왕을 죽이고 평화를 되찾고자 한다. 장군들이여! 부디 굳세고 굳세어 맹수 같은 용맹함을 보여라! 하나 더 명심할 것은 우리에게 항복하는 상나라의 군사들은 죽이지 말라. 우리에게 도움이 될지어다. 투사들이여! 장군들이여!"

말을 마친 주왕은 군령을 하달하고 대오를 정비했다.

　무왕이 쳐들어왔다는 소식을 들은 주왕도 군사 70만 명을 동원하여 목야로 나가 무왕에 대적했다. 하지만 주왕의 군사들은 숫자만 많을 뿐 싸우려는 의지가 없었고, 오히려 무왕이 빨리 진격해 오기만을 기다렸다. 그들은 창을 돌려 무왕을 위해 길을 열어주었으며, 무왕이 진격해 오자 주왕의 곁을 떠나 모조리 흩어져 버렸다. 겁에 질려 도망가던 주왕은 결국 자살하고 말았다.

　『상서·무성편尚書·武成篇』에는 상나라를 멸하고 주왕조를 건립한 주무왕에 대해 다음과 같이 기록되어 있다.

　'싸움이 끝난 후 주무왕은 전쟁에 사용한 말은 화산의 남쪽 기슭으로 돌려보내고 소는 들에 풀어놓아 방목하여 전쟁에 쓰지 않겠다는

뜻을 보이셨다귀마방우.'

즉, 군마를 다시 사용하지 않을 것을 천하에 선포한 것이다.

'귀마방우歸馬放牛'라는 고사성어는 바로 이 이야기에서 유래했다. 이는 '말을 돌려보내고 소를 풀어놓는다.'라는 뜻으로, '더 이상 전쟁을 하지 않는 평화로운 시대가 온 것'을 비유한 말이다.

010

금상첨화錦上添花

글자 풀이

비단 금錦, jǐn, 위 상上, shàng, 더할 첨添, tiān, 꽃 화花, huā

뜻 풀이

'비단 위에 꽃을 더한다.'라는 뜻으로, '좋은 일에 좋은 일이 더해
짐.'을 비유한 말이다.

유래

당唐나라 태종太宗 때 산서 분하만山西 汾河灣의 한 마을에서 갑자기 큰
불이 일어나 순식간에 마을 전체를 태우고 말았다. 이 와중에 다행
히 목숨을 건진 사람이 있었는데, 이름은 예禮, 자는 인귀仁貴, 설인
귀薛仁貴였다.

　유복한 가문에서 태어나 남부러울 것 없이 살았던 설인귀는 뜻하
지 않은 화를 당하여 하루아침에 가난한 유랑자로 전락하고 말았다.
떠돌이 생활을 하던 설인귀는 굶주림을 견디다 못해 유원외柳員外의

저택에 들어가 다른 머슴들과 함께 땔나무를 나르는 일을 했다. 그는 10명이 겨우 들 수 있는 통나무를 혼자서 둘러메고 뛸 만큼 힘이 장사였으며, 다른 이들이 하루 먹는 양을 한 끼에 먹어 치울 만큼 식성 또한 대단했다. 설인귀가 혼자서 몇 명의 몫을 거뜬히 해내는 것을 본 주인 유원외는 계속 자신의 집에 남아 일해 달라고 부탁했다. 그리하여 설인귀는 유씨네 머슴으로 지내게 되었다.

유원외에게는 백옥 같이 흰 피부를 가진 '유영춘劉迎春'이라는 딸이 있었는데, 유원외의 사랑을 독차지하며 귀하게 자랐다. 겨울이 다가오자 유원외는 귀한 비단옷을 딸에게 선물했다. 북풍한설이 몰아치던 어느 추운 겨울날, 유영춘은 부친이 선물한 비단옷을 곱게 차려입고 뒤뜰을 거닐며 설경에 심취해 있었다. 그러던 중 얇은 옷 가지 하나만 걸친 채 땔나무가 쌓여 있는 곳에서 잠을 자고 있는 설인귀를 발견했다. 그를 불쌍히 여긴 유영춘은 자신의 비단옷을 벗어 그에게 살포시 덮어 주고 자리를 떠났다.

따뜻한 기운에 눈을 뜬 설인귀는 화려한 비단옷을 덮고 있는 자신을 발견하고 화들짝 놀랐다. 옷을 유심히 살펴보니 무명실로 곱게 짠 붉은색 옷감에 여우 가죽을 덧대어 만든 보기 드문 귀한 옷이었다.

'신령님께서 나를 불쌍히 여겨 눈과 바람을 막으라고 내려주신 것이 틀림없어.'라고 생각한 설인귀는 비단옷을 걸친 채 뜰에 쌓인 눈을 치우기 시작했다. 마침 이를 본 유원외가 딸의 비단옷임을 한눈에 알아보고 크게 노했다. 설인귀가 자기의 딸과 사사로운 정을 나눴다고 생각한 유원외는 자초지종을 묻지도 않은 채 딸 유영춘을 집에서 쫓아냈다. 얼마 지나지 않아 유원외는 딸의 명예를 생각해 설인귀와 혼인시킨 후 다시 집에서 쫓아냈다.

쫓겨난 두 사람은 마을 밖의 허름한 곳에 거처를 마련하고 유영춘의 어머니가 몰래 넣어준 은자 몇 냥으로 하루하루를 연명해갔다.

마을 사람 모두가 설인귀를 가난한 자라고 업신여기며 냉대했지만, 작은 가게를 꾸려 생계를 유지하고 있던 왕무생王茂生만은 예외였다. 왕무생은 평소 가난한 설인귀 내외를 불쌍히 여겨 먹을 것과 입을 것을 주며 극진히 대해주었다. 또 명절이면 술과 고기를 사주며 위로하곤 했다. 그리하여 왕무생과 설인귀는 둘도 없는 벗이 되었다.

가난한 삶 속에서도 처 유씨는 "당신은 재주가 있으니 군에 들어가면 공을 세울 수 있을 거예요."라고 말하며 남편 설인귀의 능력을 칭찬하고 그에게 용기를 북돋아주었다. 얼마 후 설인귀는 군인이 되었고, 고구려와의 전쟁에 참전해 큰 공을 세웠다. 당태종은 설인귀의 공을 높이 사 양료왕兩遼王에 봉했다. 그동안 아내 유씨는 남편을 기다리며 스스로 농사를 짓고 베를 짜서 자식들을 키웠다.

설인귀는 아내 혼자 고생하는 것이 안쓰러워 군직을 물리고 고향으로 돌아왔다. 그가 돌아왔다는 소식이 전해지자, 지방의 관리와 유지들이 예물을 들고 찾아왔다. 유독 왕무생만이 술 대신 물을 들고 찾아왔다. 설인귀는 연회를 베풀고 왕무생을 가장 높은 자리에 모셨다. 그는 남들이 올리는 귀한 술을 모두 마다한 채 오직 어려울 때 도와준 친구 왕무생이 보낸 맑은 물만 마시며 다른 이들을 향해 다음과 같이 말했다. "이제 대왕의 몸이니 부족한 것 없구려. 자네들이 갖고 온 예물은 모두 금상첨화일 뿐 왕무생만이 나와 고락을 함께한 진정한 벗이라오."

'금상첨화錦上添花'라는 고사성어는 바로 이 이야기에서 유래했다. 이는 '비단 위에 꽃을 더한다.'라는 뜻으로, '좋은 일에 좋은 일이 더해짐.'을 비유한 말이다.

011

금석위개金石爲開

글자 풀이

쇠 금金, jīn, 바위 석石, shí, 할 위爲, wéi, 열 개開, kāi

뜻 풀이

'진실한 감정은 사람의 마음을 충분히 감동시킬 수 있고, 굳은 의지
는 어떠한 어려움도 극복할 수 있음.'을 비유한 말이다.

유래

한나라의 명장 이광李廣은 일생동안 숱한 무용담을 남겼다. 그는 육
도六韜와 삼략三略에 정통하고, 용병술에 능했으며, 전장에서 용감했
다. 하지만 항상 운이 따르지 않아 출전할 때마다 변고를 당하여 공
을 세우지 못하고 돌아왔다.

한번은 그가 거느리는 100여 기의 기병과 수만 명의 흉노 기병이
마주치게 되었다. 군사들은 당황한 나머지 말을 달려 주둔지로 되돌
아가려 했다.

이광은 다음과 같이 말했다.

"도망가면 안 된다. 흉노는 말도 빨리 뛰고 궁술에도 능하여 우리가 도망친다면 우리를 쫓아오면서 활을 쏠 것이니, 그리되면 한 명도 살아남을 수 없다."

그는 군사들에게 말에서 내려 휴식을 취하라고 명령했다. 군사들은 이리저리 뒹굴면서 태연한 척했다. 멀리서 한나라 군대를 감시하던 흉노군은 이러한 한군의 모습을 보더니 매복에 걸릴 것을 염려하여 머뭇거리다 끝내 출병하지 않았다. 이광과 그의 군사들은 날이 저물 때까지 기다리다가 안전하게 철수했다.

진晉나라 사람 갈홍葛洪이 지은 『서경잡기西京雜記』의 기록에 따르면, 하루는 이광이 혼자 사냥을 나갔는데, 운이 따르지 않아 하루 종일 큰 짐승은커녕 여우나 토끼 한 마리도 발견하지 못했다. 해질 무렵 그는 말을 타고 숙영지로 돌아오다가 갑자기 몇백 보 밖에 있는 풀 속에 호랑이 한 마리가 웅크리고 있는 것을 발견하고 화살을 꺼내 호랑이를 향해 쏘았다.

그는 화살에 맞은 호랑이가 죽은 후 사냥감을 수습하려고 했지만 한참을 기다려도 기척이 없자, 수상하게 여겨 숲으로 다가갔다. 가까이 다가가보니 화살은 큰 바위에 깊이 박혀 있었다. 호랑이가 아니라 바위에 화살을 쏘았던 것이다. 눈앞의 광경을 본 그는 깜짝 놀라며 자기의 화살이 거대한 바위를 꿰뚫었다는 사실을 믿을 수 없었다.

그는 다시 제자리로 돌아와 연속으로 몇 번이나 바위에 화살을 쏘아봤지만 화살만 부러질 뿐, 바위는 조금도 변함이 없었다.

후세에 이르러 대학자 양웅楊雄은 "이광이 집중을 했기 때문에 바위도 뚫을 수 있었다."라며 "지성이면 바위도 뚫을 수 있다至誠則金石爲開."라고 말했다.

'금석위개金石爲開'라는 고사성어는 바로 이 이야기에서 유래했다. 이는 '쇠와 돌을 뚫는다.'라는 뜻으로, '진실한 감정은 사람의 마음을 충분히 감동시킬 수 있고, 굳은 의지는 어떠한 어려움도 극복할 수 있음.'을 비유한 말이다.

기세도명 欺世盜名

글자 풀이

속일 기欺, qī, 대 세世, shì, 도둑 도盜, dào, 이름 명名, míng

뜻 풀이

'세상 사람을 속이고 헛된 명성을 얻는다.'라는 뜻이다.

유래

춘추시대 충직한 신하 사어史魚의 이름은 추鰌이고, 자는 자어子魚인데, 위나라 영공靈公을 섬기며 대부大夫 벼슬을 지냈다.

어느 날 사어는 위령공에게 외교력과 통치력이 뛰어나고 백성을 사랑하는 '거백옥遽伯玉'이라는 자를 등용해줄 것을 간청했다. 그러나 위령공은 그의 말을 따르지 않고 '미자하彌子瑕'라는 자를 중용하였다. 미자하는 위나라의 미남자美男子로, 군주의 총애를 받던 신하였다. 위령공은 미자하를 너무나 총애한 나머지, 그의 부탁이라면 무엇이든 들어주었다.

하루는 위령공이 미자하에게 물었다.

"어질고 재능을 두루 갖춘 '거백옥'이라는 문인이 있다고 들었다. 과인이 그에게 대부의 벼슬자리를 내주고자 하는데, 너의 생각은 어떠하냐? 그 자가 잘할 수 있을 것 같으냐?"

그러자 미자하가 대답했다.

"거백옥은 학문이 뛰어나고 인품 또한 훌륭하여 모든 이들의 존경을 받는 성인이라 들었사옵니다. 하지만 지나치게 인의도덕만 내세우는 자는 심지가 곧고 어질지만 나라를 다스릴 재목은 못될 것입니다. 이 나라 관리에게 필요한 것은 정치력이요, 군사력이지 않습니까? 거백옥은 그러한 능력의 소유자가 아니옵니다. 소신이 보기에는 그를 세자의 스승으로 두어 학문을 가르치게 함이 더 합당하다고 사료되옵니다. 대부 벼슬은 그의 능력 밖이옵니다."

사어는 그 후로도 수차례 거백옥을 등용해줄 것을 간청했지만 위령공은 미자하의 말에 따라 끝내 거백옥을 중용하지 않았다.

어느 날 사어가 위령공을 찾아와 거백옥을 등용하지 않는 이유를 물었다. 그러자 위령공이 대답했다.

"미자하가 말하기를 거백옥은 병법에 무지하여 군사를 다스림에 부족하다고 했다. 과인 역시 같은 생각이다. 그 자는 문무를 겸비하지 못했으니 이번 청은 잠시 미루도록 하자."

사어는 미자하를 대간신이라며 궐 밖으로 내쫓을 것을 위령공에게 간했다. 위령공은 들은 체도 하지 않았다.

그러던 중 사어가 큰 병에 걸려 죽게 되었다. 사어는 죽기 전에 아들을 불러 다음과 같이 말했다.

"이 아비가 살아서 두 가지를 이루지 못하여 참으로 유감이다. 하나는 거백옥을 등용하지 못한 것이고, 다른 하나는 미자하를 궐 밖으로 내쫓지 못한 것이니, 죽어서도 눈을 감지 못할 것이다. 그러니 내가 죽고 나면 시신을 염하지 말고 창가 아래에 두도록 하거라."

조문하러 온 위령공이 사어의 시신이 창 아래에 놓여 있는 것을 보고 이상하게 여겨 아들에게 그 까닭을 묻자, 사어의 말을 그대로 전했다.

유언을 전해들은 위령공은 "죽어서도 시체로 간하니, 충심이 무

척 깊구나."라고 하며 몹시 자책했다. 그러고는 사어의 시신을 높은
자리에 모시게 했다. 또 그의 유언대로 거백옥을 등용하고 미자하를
쫓아냈다.

이 일로 인하여 사어는 이름을 떨치게 되었다.

사어는 위나라의 대부로 청렴하고 강직하다는 평가를 받았지만
순자는 오히려 '시신으로 간언하여 세인을 기만하고 이름을 떨쳤으
므로 도명盜名한 자'라고 비판했다.

'기세도명'에 관한 또 다른 이야기가 있다.

전국시대 제齊나라에는 '진중자陳仲子'라는 선비가 있었는데, 고관
대작의 세력 있는 가문의 사람이었다. 지방에서 관직을 지내는 형이
의롭지 못하다고 여긴 그는 형의 집에서 뛰쳐나와 산속에서 밭을 일
구며 청렴하게 살았다. 형이 조정에서 받은 녹봉을 가족에게 보내어
살림에 보태라고 했지만 이 역시 의롭지 못하다고 생각한 진중자는
그 재물에 손을 대지 않았다.

부귀를 마다하고 누덕누덕 기워 입은 옷가지며 먹는 것조차 변변
치 못한 진중자를 본 마을 사람들은 그를 검소하고 곧은 성품을 가졌
다고 칭찬했다. 그리하여 그의 명성은 곧 세상에 널리 알려지게 되
었다. 이를 전해들은 이웃 나라 군주들이 그를 관리로 등용하기 위
해 사람을 보냈지만 세상일에 뜻을 품지 않았던 진중자는 번번이 거
절했다.

그 후 많은 학자들이 사어와 진중자에 대해 엇갈리는 평가를 내놓

앗다. 어떤 이는 이 두 사람을 '군주에게 충성을 다한 자', '청렴한 자'라고 칭송했지만 어떤 이는 '세인을 기만하고 이름을 떨쳤으므로 도명한 자'라고 비판했다.

순자는 『순자 · 불구荀子 · 不苟』에서 "그들은 모두 어지러운 세상을 기만하는 수법으로 훌륭한 명예를 얻었으니 간교한 인물이다."라고 평가했다.

'기세도명欺世盜名'이라는 고사성어는 바로 이 이야기에서 유래했다. 이는 '세상 사람을 속이고 헛된 명성을 얻음.'을 비유한 말이다.

013

기인우천杞人憂天

글자 풀이

구기자나무 기杞, Qǐ, 사람 인人, rén, 근심할 우憂, yōu, 하늘 천天, tiān

뜻 풀이

'기杞나라 사람이 쓸데없는 근심을 한다.'라는 뜻으로, 하늘이 무너질까 걱정하는 것', '쓸데없는 근심', '걱정도 팔자', '괜한 걱정' 등을 비유한 말이다.

유래

기杞나라는 중국 고대의 작은 제후국이었는데, 항상 강대한 이웃 나라들의 위협과 침략을 받았다. 그리하여 기나라 사람들은 근심과 걱정 속에서 생활했고, 나라가 언제, 무슨 불행을 당할지 몰라 불안해했다.

　기나라에는 매일같이 하늘이 무너져 내리고 땅이 꺼질까 불안한 생활을 하는 사람이 있었는데, 그는 정말로 이러한 재난이 발생한다면 숨을 곳도 없을 것이라고 걱정했다. 항상 무서운 일만 생각하다 보니 잠을 이루지 못하고 밥도 제대로 먹지 못해 심신이 지쳐 갔다.

한 친구가 이러한 모습을 보고 그에게 말했다.

"하늘은 하나로 뭉쳐 있는 기체에 불과하고, 하늘과 땅 사이는 모두 이러한 기체로 가득 차 있다네. 그러니 자네가 매일같이 몸을 뻗거나 굽어보고 쳐다보며 숨을 쉬는 모든 것들이 사실은 이 기체 속에서 생활하고 있는 것이라네. 이치가 이러할진대 자네는 왜 하늘이 무너져 내린다고 걱정하는가?"

그 사람은 친구의 말을 듣고 난 후에도 여전히 안심하지 못하고 "만약에 하늘이 정말로 어떤 기체가 하나로 뭉쳐 만들어진 것이라면, 태양과 달 그리고 무수한 별들이 모두 위에 매달려 있다는 뜻인데 설마 그것들이 안 떨어져 내리겠는가?"라고 반문했다. 그러자 그 친구는 "태양과 달 그리고 무수한 별들도 역시 기체가 하나로 뭉쳐 만들어진 것이고, 그것들은 단지 빛을 낼 뿐이라네. 설사 그것들이 위에서 떨어져 내린다고 하더라도 우리를 짓눌러 다치게 하지는 않을 것이네."라고 대답했다.

하늘에 대한 근심이 간신히 해결되었지만 기나라 사람은 다시 "만약 땅이 꺼져 내려앉아 버리면 어떻게 해야 하는가?"라고 물었다. 그러자 그 친구는 자상하게 설명해주었다. "대지는 쌓여 있는 흙과 돌덩어리에 불과하다네. 그리고 이러한 흙과 돌덩어리는 대지 위의 모든 구석을 가득 채우고 있다네. 그래서 자네가 매일같이 이 대지

위에 서 있거나 길을 걷고, 뛰어다니며, 발을 굴러도 아무 일도 일어나지 않는 것일세."라고 말했다.

친구의 설명을 들은 기나라 사람은 겨우 안심하고 즐겁게 생활하기 시작했다. 식사 시간이 되면 밥도 제대로 먹을 수 있었고, 잠잘 시간이 되면 잠을 잘 수 있었다. 그를 일깨워준 친구 또한 크게 안심했다.

'기인우천杞人憂天'이라는 고사성어는 바로 이 이야기에서 유래했다. 이는 '기나라 사람이 쓸데없는 근심을 한다.'라는 뜻으로, '필요하지 않거나 근거 없는 근심'을 비유한 말이다.

014

기화가거奇貨可居

글자 풀이

기이할 기奇, qí, 재화 화貨, huò, 옳을 가可, kě, 살 거居, jū

뜻 풀이

'귀한 물건은 잘 간직하여 나중에 이익을 남기고 판다.'라는 뜻으로, '좋은 기회를 놓치지 말아야 함.'을 비유한 말이다.

유래

전국戰國시대에 '여불위呂不韋'라는 대상인이 있었는데, 그는 장사를 하기 위해 자주 조趙나라의 도읍 한단邯鄲에 드나들었다.

　그러던 어느 날 여불위는 길거리에서 진나라 소왕秦昭王의 손주이자, 태자 안국군安國君의 아들인 이인異人이 볼모로 한단에 머물고 있다는 말을 들었다.

　당시 진나라와 조나라는 교전이 빈번했다. 조나라는 일부러 이인이 배불리 먹지 못하게 하고, 심지어 추위를 막을 옷마저 주지 않으

며 그를 냉대했다. 머리가 비상한 여불위는 이러한 사연을 듣고 이
인에게 투자를 해두면 나중에 큰 이문을 남길 수 있을 것이라는 생각
에 '기화가거奇貨可居일세.'라고 혼잣말로 중얼거렸다.

여불위는 처소로 돌아가 부친에게 물었다.

"땅에 투자하면 얼마만큼의 이문을 얻을 수 있습니까?"

"10배!"

여불위는 다시 물었다.

"진주 보석을 운반하면요?"

"100배로다!"

여불위가 다시 물었다.

"실의에 빠진 사람을 나라의 군주로 올려놓고 천하의 돈과 재물을 장악하게 해주면 얼마만큼의 이문을 얻을 수 있습니까?"

그의 부친은 대답했다.

"셈을 할 수 없을 만큼 이득이 크다."

여불위는 부친의 말을 듣고 많은 재물을 이용하여 진나라 태자 안국군의 측근을 매수하고, 그들을 통해 안국군을 설득시켜 볼모로 있는 이인을 되찾도록 했다.

안국군은 슬하에 20명이 넘는 아들들을 두었지만 애첩인 화양華陽과는 자식이 한 명도 없었다. 이를 안 여불위는 안국군과 화양에게 공을 들이기로 했다. 얼마 후 안국군은 사람을 시켜 비단 한 수레와 보물 한 상자를 화양에게 보냈다. 이인을 화양부인의 자식으로 만들기 위함이었다.

얼마 후, 안국군이 즉위하여 효문왕孝文王이 되었고 화양부인의 도움으로 이인은 마침내 태자로 책봉되었다. 그 후로 얼마 지나지 않아 효문왕마저 죽자 이인이 즉위하여 장상왕庄襄王이 되었다. 이인은 즉위하자마자 여불위를 궁으로 불러 승상丞相직을 제수하고, 문신후文信侯에 봉했으며, 하남河南 낙양洛陽 일대의 12개의 현을 그에게 하사하고 10만 가구의 조세를 그에게 녹봉禄俸으로 주었다.

'기화가거奇貨可居'라는 고사성어는 바로 이 이야기에서 유래했다. 이는 '진기한 물건은 잘 간직하여 나중에 이익을 남기고 판다.'라는 뜻으로, '좋은 기회를 놓치지 말아야 함.'을 비유한 말이다.

015

남가일몽 南柯一夢

글자 풀이

남녘 남南, nán, 가지 가柯, kē, 한 일一, yī, 꿈 몽夢, mèng

뜻 풀이

'허황한 꿈'을 비유한 말이다. '일장춘몽'이라 표현하기도 한다.

유래

수隋나라 말 당唐나라 초, 광릉廣陵에 '순우분淳于棼'이라는 사람이 살고 있었다. 넓고 큰 그의 집 마당에는 나뭇잎이 무성한 홰나무 한 그루가 있었는데, 달 밝은 밤이 되면 시원한 바람이 불어와 나무 아래에서 더위를 식히기에 더없이 좋은 장소였다.

어느 날 순우분이 그 홰나무 아래에서 휴식을 취하다가 깊은 잠에 빠졌다. 순우분은 꿈속에서 '대괴안국大槐安國'이라는 나라를 방문하게 되었는데, 그곳에는 마침 회시會試가 열리고 있었다. 그리하여 순우분도 과거 시험에 응시했다. 그는 뛰어난 글재주로 장원급제했

고, 뒤이어 열린 전시殿試에서도 대괴안국 왕의 환심을 샀다. 재주가
뛰어난데다가 호방한 성격까지 두루 갖춘 순우분을 본 왕은 매우 흡
족해하며 말했다.

"훌륭한 재주를 지녔구나. 너에게 공주를 줄 테니, 나라에 충성하
여라."

그리하여 순우분은 하룻밤 사이에 부마가 되어 부귀와 영화를 누
리게 되었다.

그 후 대괴안국 왕은 순우분을 남가군南柯郡 태수에 임명했다. 도
성에서 멀리 떨어진 남가군은 괴안국에서도 가장 땅이 넓고, 인구
가 많은 곳이었다. 순우분은 맡은 바 직무에 충실했고, 백성에게 선

정을 베풀었다. 부하들은 순우분을 잘 따랐고 백성들도 그를 칭송했다. 왕은 몹시 기뻐하며 그에게 다른 중책을 맡기려고 했지만 백성들은 상서를 올려 순우분을 만류했다. 그 후로 순우분은 남가군에서 20년이나 머물게 되었다.

그러던 중 대괴안국은 이방인들의 침략을 받게 되었다. 왕은 명장들과 군사 수십만 명을 파병했지만 번번이 패했고, 적군은 더욱 사기 충만하여 도성에까지 쳐들어올 기세였다. 연이은 패전 소식에 왕은 문무백관들을 불러 대책을 논의했지만 문무백관들은 적들이 도성까지 쳐들어온다는 소식에 얼굴이 하얗게 질려 어찌할 바를 몰라했다. 그러자 왕은 평소 신뢰했던 순우분에게 군사들을 통솔하여 출정하라는 어명을 내렸다.

안타깝게도 순우분이 이끄는 대군도 적군과 접전하자마자 군사들이 쓰러지고 말들이 나뒹굴었으며 투구와 갑옷을 모두 잃었다. 하마터면 포로가 될 뻔했던 순우분이 겨우 목숨을 부지하여 도성으로 도망쳐 오자, 화가 난 왕은 순우분을 궁에서 쫓아냈다.

억울함을 호소하다가 잠에서 깬 순우분은 달이 기울고 바람에 흩날리는 나뭇가지를 보고서야 비로소 모든 것이 허황된 꿈이었음을 알고, 실망한 듯 혼잣말로 되뇌었다.

"남가일몽이라서 다행이로구나."

'남가일몽南柯一夢'이라는 고사성어는 바로 이 이야기에서 유래했으며, '헛된 꿈' 또는 '인생의 덧없음.'을 비유한 말이다.

016

녹사수수 鹿死誰手

글자 풀이

사슴 녹鹿, lù, 죽을 사死, sǐ, 누구 수誰, shuí, 손 수手, shǒu

뜻 풀이

'사슴이 누구의 손에 죽는가?'라는 뜻으로, '승부를 예측하기 어려움.'을 비유한 말이다.

유래

흉노 갈족羯族의 아들로 태어난 석륵石勒은 301년에 상국에 수도를 정하고 국호를 '후조後趙'라고 했다.

　가정 형편이 어려웠던 석륵은 글을 배우지 못했지만 식견이 넓고 분석력이 뛰어났다. 특히, 전투의 승패를 파악하는 능력이 남달랐기 때문에 늘 승자의 자리를 차지했다. 왕이 되고 난 후에도 배우기를 게을리하지 않았다. 하루도 빠짐없이 대신들에게 『사기』, 『한서』 등을 읽어달라고 했으며, 대신들을 모아 놓고 역사 인물들의 공과 실

을 토론하기를 즐겼다.

어느 날 열린 연회에서 석륵이 대신들에게 물었다.

"역사 인물 중 과인과 견줄 수 있는 군주가 있다면 누구라고 생각
하느냐?"

대신 서광이 대답했다.

"대왕은 한고조 유방, 한 광무제 유수劉秀, 위무제 조조, 진나라의
사마의司馬懿보다 지략이 뛰어나십니다. 굳이 비교하자면 삼황오제
정도라고 할까요."

서광의 말을 들은 석륵은 가득 채운 술잔을 단번에 비우더니 큰소
리로 웃으며 말했다.

"사람이 쉽게 범할 수 있는 잘못은 바로 자신을 정확히 알지 못하는 것이다. 내가 만약 진나라 말년에 태어났다면 기꺼이 한신이나 팽월과 같이 유방의 부하가 되어 그의 영을 따르고 천하를 안정시키는 일에 이 한몸을 바쳤을 것이다. 그렇게 되면 후작侯爵쯤은 충분히 될 수 있었겠지. 하지만 과인은 조조나 사마의를 영웅으로 인정할 수 없다. 대장부로 태어났다면 언제, 어디서나 떳떳하고 부끄럽지 않은 인생을 살아야지, 어찌 그들처럼 교활하고 간사하게 홀어머니와 외아들의 수중에서 천하를 얻는 짓을 할 수 있단 말인가."

흥분을 가라앉히지 못한 석륵이 계속 말을 이었다.

"만약 내가 유수를 만났다면 분명히 그와 자웅을 겨뤘을 것이다. 녹사수수, 사슴을 잡는 자가 누가 될지는 알 수 없는 일이다. 삼황오제는 과인보다 훌륭하고 뛰어난 인물이니, 내 어찌 그들과 비길 수 있겠는가."

'녹사수수鹿死誰手'라는 고사성어는 바로 이 이야기에서 유래했으며, 여기에서 사슴은 '천하'를 뜻한다. 즉, '사슴을 잡는다는 것은 천하를 갖는 것과 같다.'라는 뜻으로, '세력이 서로 비슷하여 승부를 가리지 못함.' 또는 '승리한 사람'을 비유한 말이다.

017

대공무사 大公無私

글자 풀이

클 대大, dà, 공평할 공公, gōng, 없을 무無, wú, 사사 사私, sī

뜻 풀이

'사심이 없고 공정함.'을 비유한 말이다.

유래

춘추시대 진晉나라의 대부 기황양祁黃羊은 진평공晉平公의 신뢰를 한 몸에 받는 책사였다. 진평공은 나라의 대사를 기황양과 수차례 상의한 후에야 결정하곤 했다. 그들은 군주와 신하 사이였음에도 서로 존중하며 돈독한 관계를 유지했다.

어느 날 진평공이 기황양을 불러 물었다.

"남양현南陽縣은 진나라의 요충지인데, 현재 그곳의 장長 자리가 비어 있다네. 누가 적당하다고 생각하시오?"

"정무에 능통하고 재주 많은 해호解狐가 적임자라고 사료되옵니다."

이에 진평공은 믿어지지 않는다는 듯이 되물었다.

"과인이 잘못 들은 것이 아니겠지? 자네는 해호와 원수 사이가 아니던가? 그런데 어찌 요직에 원수를 천거한단 말인가?"

그러자 기황양이 대답했다.

"주군께서는 적임자를 물으셨지, 소인과 원수냐고 묻지 않으셨습니다. 그저 소인의 생각을 아뢰었을 뿐입니다."

진평공은 기황양의 말대로 해호를 남양현의 현령으로 파견하였다.

그렇게 남양에 부임한 해호는 부당한 법규를 폐지하고 백성들에게 농사를 가르치는 등 조치를 취해 남양현을 번영시켰다.

이 일로 진평공은 기황양을 더욱 신임하게 되었다.

또 한 번은 진평공이 조정의 새 법관 임명을 앞두고 기황양의 의사를 물었다. 기황양은 청렴하고, 사적인 감정을 내세우지 않는 기오祁午를 법관으로 천거했다.

"기오는 그대의 아들이 아니오? 그를 법관으로 천거한다면 조정의 대신들이 가만히 있을 리가 만무한데, 그 비난을 어찌 감당하려 그러시오?"

"주군께서 누가 적임자냐고 물으셨지, 기오가 자식이냐고 묻지 않으셨습니다."

이번에도 기황양의 대답은 똑같았다.

진평공은 이번에도 기황양의 말대로 기오를 법관으로 임명했다. 기오 역시 법관의 직책을 훌륭하게 수행해 백성들의 존경을 받았다.

훗날 이 이야기를 들은 공자는 "기황양이야말로 대공무사하도다."라며 칭찬을 아끼지 않았다.

'대공무사大公無私'라는 고사성어는 바로 이 이야기에서 유래했으며, '사심이 없고 공정함.'을 비유한 말이다.

018

대기만성大器晚成

글자 풀이

큰 대大, dà, 그릇 기器, qì, 늦을 만晩, wǎn, 이룰 성成, chéng

뜻 풀이

'큰 그릇은 늦게 만들어진다.'라는 뜻으로, '큰 인물이 될 사람은 늦게 성공함.'을 비유한 말이다.

유래

삼국시대 위나라에 '최염崔琰'이라는 유명한 장군이 있었다. 동한東漢 말, 최염은 하북성 원소袁紹의 진영에 문객門客으로 있다가 얼마 후 원소가 '관도대전'에서 조조에게 참패하고 최염은 포로로 잡혔다. 조조는 최염의 재능을 한눈에 알아보고 그에게 요직을 맡겼다.

어느 날 북쪽의 흉노족들이 조조에게 사신을 보내 공물을 바치며 회합을 부탁해 왔다. 흉노족의 사신과 만날 시간이 가까워지자, 조조는 불안해졌다. 자칫 사신 앞에서 위엄을 잃지 않을까 우려되었기

때문이다. 결국 조조는 풍채가 좋은 최염으로 하여금 사신을 맞이하
게 하고, 자신은 검을 찬 호위병으로 분장하여 옆에 조용히 서 있기
로 했다.

회합이 끝난 후 조조는 흉노족의 사신에게 몰래 사람을 보내 조조
를 만나본 소감을 물었다.

흉노족 사신이 말했다.

"위나라 왕은 풍채가 아름답고 도량이 넓은 분 같았습니다. 옆에
검을 차고 있던 호위병 역시, 쳐다만 봐도 두려울 만큼 위엄이 있어
보였고, 황제의 상相을 지닌 것 같았습니다."

실제로도 최염은 외모가 출중했을 뿐만 아니라 사람의 인품과 재능을 알아보는 안목 또한 뛰어났다.

최염에게는 '최림崔林'이라는 사촌 아우가 있었는데, 평소 내성적이고 말수가 적어 사람들과 쉽게 어울리지 못했다. 성인이 되어서도 출세가 늦어져 친족들로부터 종종 멸시를 당하곤 했다. 그러나 최염이 그의 재능을 알아보고 다음과 같이 말했다.

"한 사람의 먼 장래를 어찌 당장 가늠하리오. 출세가 늦어질 수도 빨리 찾아올 수도 있거늘. 나 또한 최림에 비해 몇 년 일찍 관직에 올랐을 뿐 특별히 잘난 것이 없도다. 큰 솥은 쉽게 만들어지는 것이 아니지 않던가. 사람도 출세하기까지는 오랜 시간이 걸리는 법이니 최림은 대기만성할 인물임이 틀림없도다."

그 후 최림의 재능을 발견한 조조가 그를 주박主薄에 명했고, 그 후에는 어사대부御史大夫에 봉했다. 최림은 문제文帝 때에 이르러 사공까지 역임하면서 안양후에 책봉되기도 했으며, 위나라 임금이 가장 신임하는 신하가 되었다.

이 이야기는 『삼국지 · 위지 · 최염전三國志 · 魏志 · 崔琰傳』에 수록되어 있다. '대기만성大器晚成'이라는 고사성어는 바로 이 이야기에서 유래했다. 이는 '큰 그릇은 늦게 만들어진다.'라는 뜻으로, '큰 인물이 될 사람은 늦게 성공함.'을 비유한 말이다. 오늘날에는 나이 들어 성공한 사람을 가리키는 말로 사용되며, 오랫동안 뜻을 이루지 못한 사람을 위로할 때에도 사용한다.

019

대성질호大聲疾呼

글자 풀이

클 대大, dà, 소리 성聲, shēng, 병 질疾, jí, 부를 호呼, hū

뜻 풀이

'큰소리로 외치다.', '소리 높이 외치다.'라는 뜻이다.

유래

당나라 때의 한유韓愈는 고문古文으로 후세에 큰 영향을 미친 문학대
가이자 '당송 8대가' 중에서도 첫 번째로 꼽히는 인물이다.

태어난 지 얼마 지나지 않아 어머니를 잃고, 3세 때에 아버지를 잃
은 한유는 형수의 손에서 자랐다. 한유는 7세 때부터 독서를 시작했
고, 13세 때에 문장에 재능을 보이다가 성인이 된 후 감찰어사監察御
使, 경조윤京兆尹, 형부시랑刑部侍郎 등의 관직을 두루 맡았다. 그는 유
가 사상을 존중하고 불교를 배격한 인물이다.

786년 한유는 장안에 머물면서 과거에 응시했지만 세 번이나 낙방

하고, 793년에 이르러서야 비로소 진사과進士科에 합격했다.

그 후로도 세 차례 이부시吏部試의 박학굉사博學宏詞에 응시했지만 번번이 낙방하고, 네 번 만에 합격하여 관직에 오를 수 있는 자격을 얻었다.

한유는 이부시에서 낙방했을 당시, 조급한 마음에 재상 조경趙憬에게 글을 올려 자신의 처지와 정치에 대한 포부를 밝혔다.

"만약 누군가에게 불행이 닥쳤다면 친지와 가족들은 천방백계로 그를 구하기 위해 노력할 것입니다. 심지어 주변에 있는 사람일지라도 불구대천의 원수가 아닌 이상 직접 구하지는 않더라도 큰 소리로 외쳐 다른 사람들에게 도와주도록 알릴 것입니다. 그 이유는 위급한 처지에 놓인 이들이 매우 가엾기 때문입니다. 현재 저 역시 힘들고 곤궁한 처지입니다. 저의 대성질호를 대감께서도 들으셨을 터, 저를 구원해주실 것입니까 아니면 본체만체하실 것입니까?"

한유는 795년 정월부터 3월까지 연속 세 차례나 재상에게 글을 올렸지만 그 누구도 거들떠보지 않았다. 한유는 결국 장안長安을 떠났다.

그 후 낙양洛陽으로 간 한유는 796년, 선무절도사宣撫節度使에 봉해졌고, 동진董晉의 천거로 사절도사泗節度使에 임명되었다.

801년에 장안에 돌아온 한유는 국자감國子監의 사문박사四門博士가 되었으며, 이듬해『사설師說』을 지었다.

'대성질호大聲疾呼'라는 고사성어는 바로 이 이야기에서 유래했으며, '큰소리로 외쳐 사람들의 주의를 끌다.'라는 뜻이다.

020

대의멸친大義滅親

글자 풀이

클 대大.dà, 옳을 의義.yì, 멸할 멸滅.miè, 친할 친親.qīn

뜻 풀이

'대의를 위해서는 친족도 죽인다.'라는 뜻으로, '국가나 사회의 대의를 위해서는 부모 형제의 정도 돌보지 않음.'을 비유한 말이다.

유래

춘추시대는 정세가 불안하고 분쟁이 치열한 시기였다. 나라들끼리 침탈하고 교전이 끊이질 않아 천하가 소란스럽고 불안에 휩싸였다. 피비린내가 나는 바로 이때, 주우州吁가 석후石厚의 도움을 받아 형인 위환공衛桓公을 죽이고 스스로 임금 자리에 올랐다. 그는 백성들의 재물을 수탈하여 호화스러운 궁전을 지었다. 그리하여 위나라는 백성들의 원성이 끊이질 않았고, 온 나라가 암흑에 휩싸여 있었다.

　몇 명의 정직한 대신들이 암암리에 주나라 천자에게 주우의 악행

을 밝히려고 한다는 소식을 들은 주우는 불안에 떨었다. 주우는 석
후를 불러 대책을 논의했다. 석후는 계략이 뛰어난 석작의 도움을
받아볼 것을 권했다.

석후의 부친인 석작石碏은 공명정대한 사람이었다. 그는 주우가
임금을 시해하고 왕위에 오른 것에 대해 몹시 분노하고 있었다. 석
작은 아들 석후의 요청을 받자, 주나라 천자가 매우 신뢰하는 진환
공에게 도움을 청해보라고 조언했다. 그러고는 곧바로 진환공에게
서신을 보내 주우와 석후가 야합하여 임금을 시해하고 반역을 꾀한
사실을 낱낱이 폭로했다. 그는 또 진환공에게 두 사람이 진나라에
도착하면 즉시 처단해 위나라의 화근을 없애줄 것을 부탁했다.

주우와 석후는 진나라에 도착하자마자 미리 서신을 받은 진환공에게 잡히고 말았다. 진환공은 석후가 석작의 아들인 것을 감안하여 가벼운 형을 내리려 했지만 석작이 동의하지 않았다.

석작은 "석후와 같은 대역무도한 자를 세상에 남겨두면 후환이 끝이 없는 법입니다."라고 말하며 석후의 처형을 강력히 요구했다.

그리하여 '대의를 위해 육친도 멸한다대의멸친.'라는 말이 나오게 되었다.

'대의멸친大義滅親'이라는 고사성어는 바로 이 이야기에서 유래했다. 이는 '대의를 위해서는 친족도 죽인다.'라는 뜻으로, '국가나 사회의 대의를 위해서는 부모 형제의 정도 돌보지 않음.'을 비유한 말이다.

021

도탄지고塗炭之苦

글자 풀이

진흙 도塗, tú, 숯 탄炭, tàn, 갈 지之, zhī, 쓸 고苦, kǔ

뜻 풀이

'진흙 수렁에 빠지고 숯불에 타는 고통'이라는 뜻으로, '생활이 몹시 곤궁하거나 어려움과 고통이 극에 달해 있음.'을 비유한 말이다.

유래

걸桀왕은 중국 하夏왕조기원전 2070년경~기원전 1600년경의 탐욕스러운 폭군으로 기록되어 있다. 어느 날 걸왕이 인근 소국이었던 유시 씨국有施氏國을 정벌하고, 항복의 조건으로 많은 진상품을 받았다. 진상품 중에는 '매희妹喜'라는 절세미인이 있었는데, 걸왕은 매희에게 푹 빠져 그녀의 말이라면 무엇이든 들어주었다. 매희는 걸왕을 꾀어 보석과 상아로 장식한 궁궐을 짓고, 밤마다 3만 명의 여인들을 불러 춤을 추게 했다. 그것도 모자라 궁전 뒤뜰에 연못을 만들어 향기로운 미주를 가득 채웠다. 걸왕은 술이 강을 이루고 고기가 숲을 이루는 궁궐에서 국사를 뒷전으로 한 채 매희와 함께 배를 타고 연못의 미주를 마시며 마음껏 향락을 누렸다.

걸왕의 횡포에 백성들의 원한이 높아졌고, 민심도 점차 멀어졌다. 그 무렵 성탕成湯이 도탄에 빠져 있는 백성들을 구하고자 반란을 일으켰다. 그는 반란을 일으키기 전, 백성들에게 다음과 같이 선포했다.

"그대들이여! 모두 내 말에 귀를 기울이라. 나는 반란을 일으키는 것이 아니다. 하의 죄가 너무 커서 천명天命을 받들어 하나라를 징벌하는 것이다."

걸왕은 탕왕에게 패한 후 달아나다가 '남소南巢'라는 곳에서 죽임을 당했고, 탕은 은殷나라를 세워 천자가 되었다.

어느 날 은나라 탕왕湯王이 교외를 지나다가 그물로 새를 잡는 사람을 보게 되었다. 그 사람은 밭에 그물을 쳐놓고 다음과 같이 외쳤다.

"하늘의 것이든, 땅의 것이든 천하의 모든 것이 나의 그물로 들어와서 나가지 못하게 하소서."

이 말을 들은 탕왕이 "어찌 한 번에 모든 것을 잡으려고 하느냐?"라고 나무라면서 그물을 거두라고 명령했다. 이 일이 알려지자, 제후들을 비롯한 모든 사람들이 짐승까지도 아끼는 탕왕의 덕을 칭송했다.

탕왕이 자신의 덕이 부족하다고 여기자 그의 충신이었던 중훼仲虺가 위로하는 글을 지어 올렸다. "천자가 없으면 세상이 어지러워질까 두려워 하늘은 어진 탕왕을 내려 백성을 다스리게 했습니다. 하나라의 걸왕은 천자로서 부족함이 많아 백성을 도탄에 빠지게 했습니다도탄지고."

'도탄지고塗炭之苦'라는 고사성어는 바로 이 이야기에서 유래했다. 여기서 '도탄'의 '도'는 '진흙탕' 또는 '숯불'을 가리킨다. '도탄지고'는 '마치 진흙탕이나 숯불 속에 떨어진 것 같은 괴로움'이라는 뜻으로, '생활이 몹시 곤궁하거나 어려움과 고통이 극에 달함.'을 비유한 말이다.

022

도행역시倒行逆施

글자 풀이

넘어질 도倒, dào, 다닐 행行, xíng, 거스를 역逆, nì, 베풀 시施, shī

뜻 풀이

과거에는 '도리에 어긋나는 일을 함.'을 비유한 말로 사용했지만 오늘날에는 '잘못된 길을 고집하거나 나쁜 일 또는 반역을 일으키는 것'을 비유한 말로 사용한다.

유래

춘추시대 초楚나라 대부大傅 오사伍奢는 초평왕이 즉위하면서 태자태부太子太傅의 자리에 올랐지만 소부少傅 비무기費無忌의 모함으로 초평왕의 미움을 받아 피살되었다. 이 사건에 연루된 오사의 아들 오자서伍子胥는 초나라에서 도망쳐 나와 오吳나라에 이르게 되었다.

오자서는 오나라의 힘을 빌려 초나라에 맺힌 원한을 갚으리라 결심했다. 공자 광이 왕위에 등극하니 그가 바로 오왕 '합려闔廬'다. 합려는 오자서를 재상에 임명했고, 오자서는 손무를 합려에게 천거했다.

오자서와 손무 두 장군이 보좌하는 오나라는 날로 강대해졌고, 오왕 합려는 세상에 두려울 것이 없었다. 초나라를 토벌하여 패권을 손에 넣고 싶었던 오왕이 오자서에게 초나라 토벌에 대한 의견을 물었다.

오자서가 대답했다.

"아군은 세 부대로 나뉘어 초나라의 국경에서 적군을 교란하다가 초군이 공격해 오면 후퇴하고, 초군이 후퇴할 때 다시 아군이 공격하는 교란 작전을 펼칩니다. 그리되면 적군은 기진맥진하여 사기가 저하되고, 투지마저 상실하게 될 터이니 이때 다시 연합하여 진격한다면 승리는 기필코 아군의 몫이 될 것입니다."

6년이 흐른 후 오왕 합려가 드디어 초나라 정벌에 나섰다. 그는 손무를 대장군으로 하고, 오자서를 부장군으로 한 대군을 거느리고 천리 길을 달려 초나라 도읍 영도郢都로 진격했다. 오군은 다섯 번의 싸움에서 모두 승리했고, 초나라 소왕은 도읍을 버리고 황급히 도망쳤다.

때는 초평왕이 죽고 난 후였다. 초나라에 이른 오자서는 초평왕의 무덤을 파헤치기 시작했다. 관이 열리면서 초평왕의 시신이 드러났다. 오자서는 채찍을 들어 시신을 300대나 내리치고도 분노가 가시지 않아 시신의 눈알을 도려내기까지 했다.

초나라에 있던 오자서의 친구 신포서申包胥가 이 사실을 알고 서신을 보내 오자서의 행실을 꾸짖었다.

"한때 평왕을 섬겼던 신하로서 그 시신을 욕되게 했으니 이보다

더 천리에 어긋난 일이 또 있겠는가?"

이에 오자서가 대답했다.

"지금 내 처지는 해가 저무는데 갈 길이 먼 격이니, 도리에 어긋난
일일지라도 행할 수밖에 없도다도행역시."

이 이야기는 『사기·오자서열전伍子胥列傳』에 수록되어 있다. '도행
역시倒行逆施'라는 고사성어는 바로 이 이야기에서 유래했다. 과거에
는 '도리에 어긋나는 일을 함.'을 비유한 말로 사용했지만 오늘날에
는 '잘못된 길을 고집하거나 나쁜 일 또는 반역을 일으키는 것'을 비
유한 말로 사용한다.

동심동덕同心同德

글자 풀이

한 가지 동同, tóng, 마음 심心, xīn, 한 가지 동同, tóng, 덕 덕德, dé

뜻 풀이

'한마음 한뜻으로 힘을 모은다.'라는 뜻이다.

유래

기원전 1046년 주무왕周武王이 상商나라 정벌에 나섰다. 상나라의 수
도 조가朝歌에 이른 주무왕은 결전을 앞두고 군사들을 향해 다음과
같이 외쳤다.

"상나라 주왕紂王의 악행이 극에 달했다. 주왕의 수하에는 뛰어난
장수들이 많지만 그들은 마치 모래알처럼 흩어져 있다. 반면에 우리
군사의 숫자는 비록 적지만 한마음 한뜻으로 단합되어 있기 때문에
폭군 주왕을 반드시 내칠 수 있다. 그 어떤 힘으로도 우리를 막을 수
없다! 용사들이여, 한마음 한뜻으로 뭉쳐 적을 공격하라!"

주무왕의 군사가 진격해 온다는 소식에 화들짝 놀란 주왕이 70만 명의 대군을 목야에 집결시켜 대항하도록 했다. 말발굽 소리와 전차戰車가 굴러가는 소리, 둔탁한 북소리가 울려 퍼지고, 팽팽한 신경전이 이어졌다. 결전의 시각이 다가온 것이다.

바로 이때였다. 네 마리의 준마가 끄는 전차 1대가 나타나더니 주나라 진영을 향해 쏜살같이 달려갔다. 전차에는 위풍당당한 장수 한 명이 타고 있었고, 그 뒤에는 100여 명의 용사들이 먹잇감을 덮치는 독수리처럼 적군을 향해 돌진하고 있었다. 사기충천한 주나라의 나머지 병사들도 주무왕의 명령에 따라 일사분란하게 움직였다. 접전이 시작되려던 찰나, 전진에 배치되었던 상나라 군사들이 갑자기 몸을 뒤로 돌리더니 아군을 향해 창을 겨누었다.

상나라 주왕은 수십만 명의 노예들을 석방해 임시로 전진에 배치했는데, 주왕을 미워했던 노예들이 오히려 적군의 편에 서서 상나라 군대를 공격했던 것이다.

주무왕의 군사들은 파죽지세로 적군을 무찔렀다. 대세가 기울었음을 알아차린 상나라 주왕은 녹대에서 자결하고 말았다.

이 이야기는 『상서·진서편商書·秦誓篇』에 수록되어 있다. 이에는 '상나라 주왕에게는 수많은 군사들이 있었지만 그 마음이 흩어졌고, 상대의 숫자는 적었지만 한마음 한뜻이었다동심동덕'라고 기록되어 있다. '동심동덕同心同德'이라는 고사성어는 바로 이 이야기에서 유래했으며, '한마음 한뜻'이라는 뜻이다.

024

득의망형 得意忘形

글자 풀이

얻을 득得, dé, 뜻 의意, yì, 잊을 망忘, wàng, 모양 형形, xíng

뜻 풀이

'뜻을 얻어 형상을 잊어 버린다.'라는 뜻으로, '매우 기쁜 나머지 정상적인 상태를 벗어나는 것'을 비유한 말이다.

유래

완적阮籍은 중국 삼국시대 위나라의 사상가, 문학가, 시인이다. 중국 『진서·완적전晉書·阮籍傳』에는 '완적은 술을 특히 좋아하고 휘파람을 잘 불며 기쁠 때에는 득의망형得意忘形했다.'라고 기록되어 있다.

당시 완적은 조위曹魏 세력과 친밀한 관계를 맺고 있었다. 사마염司馬炎이 왕위에 올라 국호를 진晉이라 정하고, 조위 세력에 대해 학살을 감행하자 완적은 이를 피해 관직에서 물러나 술을 벗삼아 살았다.

사마염은 완적의 뛰어난 재능을 알아채고 완적의 딸과 혼사를 맺을 것을 제안했다. 그러나 혼사에 응할 수도, 거절할 수도 없었던 완적은 한 가지 꾀를 냈다. 바로 술을 마시고 만취 상태로 지내는 것이었다. 사마 씨가 청혼하러 오면 완적은 술에 취해 듣는 둥 마는 둥하면서 버텼다. 완적은 그렇게 60일 동안이나 취중 생활을 했다.

사마염은 고심 끝에 완적에게 관직을 권했지만 이 또한 갖은 방법으로 거절하다가 일부러 가장 낮은 관직인 '보병교위'를 자청했다. 그 이유는 보병 관청의 주방장이 술을 잘 빚고, 취사장에는 술이 넘쳐난다는 소문을 들었기 때문이다. 그는 보병교위가 되고 난 후에도 술을 실컷 마시면서 관의 일은 전혀 돌보지 않았다. 그때 어떤 사람이 사마염을 찾아와 완적이 하루가 멀다하게 관청에서 술을 마시며 관의 일은 전혀 돌보지 않으니 처벌해야 한다고 말했다.

사마염이 웃으면서 말했다. "그가 마음대로 하도록 내버려두어라. 완적이 좋아하는 일이라면 그 누구도 간섭해서는 안 된다. 절대 세속의 잣대로 그의 언행을 평가해서는 안 될 것이다."

사마염이 완적을 관리로 불러들인 데는 그만한 이유가 있었다. 완적을 관직에 올려놓으면 현 정권에 대한 백성들의 불신을 잠재울 수 있다고 생각했기 때문이다.

완적이 처음부터 술을 좋아했던 것은 아니다. 그저 술을 정치적 피신처로 여기며 마시다보니 어느덧 자신도 모르는 사이에 술을 떠나서는 살 수 없는 지경에까지 이른 것이다. 완적은 겉으로는 세속에 얽매이지 않고 자유롭게 행동했지만 일처리에 있어서는 몹시 신중했다. 특히, 다른 사람의 잘못을 지적하거나 비난하지 않았다. 그리하여 사람들은 그의 방탕함을 싫어해 때때로 피하기는 했지만 그를 미워하지 않았다.

『완적전』에는 '그는 기분이 나지 않으면 한바탕 소리 내어 통곡했고, 기분이 좋으면 목청 높여 웃어 댔는데, 자기가 어떤 모양을 하고 있는지 자신마저도 잊어 버렸다득의망형.'라고 기록되어 있다.

'득의망형得意忘形'이라는 고사성어는 바로 이 이야기에서 유래했으며, '뜻을 이루어 우쭐거리면서 뽐내는 모양'을 비유한 말이다.

025

소제대작小題大作

글자 풀이

작을 소小, xiǎo, 표제 제題, tí, 클 대大, dà, 지을 작作, zuò

뜻 풀이

'작은 일을 큰 일처럼 처리하다.', '자그마한 일을 갖고 크게 떠들어 대다.'라는 뜻이다.

유래

조趙나라의 효성왕孝成王은 소탐대실형小貪大失型 인물이었고, 큰일을 처리함에 있어서는 독단적이어서 다른 사람들의 의견을 받아들일 줄 몰랐다.

그는 큰 결단을 내려야 할 경우, 언제나 시대착오적인 의견을 선택하기로 유명했다. 한나라의 성 17개를 접수할 때에도 탁상공론만 일삼던 조괄趙括을 대장군으로 파견했는데, 조나라는 이로 인해 치명적인 타격을 입게 되었다.

그는 이 사건이 발생하기 전에도 우매한 일을 저지른 적이 있다.

어느 해, 연燕나라와 조나라는 국경 문제로 분쟁을 하고 있었다. 대노한 연나라 왕이 고양군高陽軍을 대장군으로 임명하고 10만 명의 대군을 주어 조나라를 정벌하게 했다.

연나라 대군이 정벌 길에 올랐다는 소식을 들은 효성왕은 혼비백산해 어찌할 바를 몰라 했다. 그는 연나라 대군에 맞서 싸울 유능한 장군이 없다고 판단하고, 제齊나라에 사신을 파견해 제나라 대장군 전단田單을 조나라 3군 원수로 초빙하기로 했다.

조나라의 사신이 제나라에 가서 왕을 알현한 후, 찾아온 이유를 말했다.

제나라 왕은 사신의 말을 들은 후, 이번 기회에 조나라를 골탕 먹여야겠다고 생각했다. 그는 "전단 장군이 조나라를 도울 수는 있지만 조나라는 제수 동쪽의 3개 성과 고당 평원의 57개 성읍, 물자 교역소 등을 전부 제나라에 넘겨야 한다."는 조건을 제시했다.

조나라 사신은 이 사실을 효성왕에게 알렸다. 효성왕은 제나라가 너무나 지나친 요구를 한다고 화를 내면서도, 만약 제나라의 요구를 거부하면 전단을 청해 올 수 없게 되고, 그렇게 되면 연나라 대군이 조나라를 멸망시킬 것이라고 근심했다. 오랫동안 생각한 끝에 그는 제나라 왕의 요구를 들어주기로 결정했다.

효성왕의 이 황당한 결정에 문무백관들은 크게 놀랐다. 그 누구도 효성왕이 왜 이런 황당한 결정을 했는지 이해할 수 없었다.

대신들 중에서 제일 불만이 많은 사람은 '조사趙奢'였다. 그러나 조사도 드러내놓고 반대하지 못하고 평원군平原君을 찾아가 말했다.

"우리 조나라에 군사를 거느릴 명장이 없는 것도 아닌데, 지금 전단을 청해 오기 위해 50여 개의 성을 내준다니, 이는 작은 일을 큰 일처럼 처리하는 것입니다소제대작. 이 50여 개의 성들은 우리 수많은 군사들의 목숨과 바꿔 얻은 것인데, 이렇게 쉽게 제나라에 내준다니 말이 됩니까?"

이에 평원군이 말했다.

"이미 결정난 일인데, 다시 거론할 필요가 있겠는가?"

평원군이 별로 탐탁치 않아 한다는 것을 알면서도 조사는 계속 말했다.

"전단이라는 장수는 제나라 사람에 불과합니다. 그가 무능하면 조나라는 연나라에 패할 것이고, 만약 그가 정말 능력이 있다고 하더라도 조나라를 위해 목숨을 바치지는 않을 것입니다. 이처럼 전단을 기용하는 일이 백해무익한데, 우리 국왕께서는 왜 이를 모르시는 겁니까?"

조사가 이토록 절절하게 호소했지만 평원군이 냉담한 태도를 보였기 때문에 별 소득 없이 돌아가는 수밖에 없었다.

'소제대작小題大作'이라는 고사성어는 바로 이 이야기에서 유래했으며, '작은 일을 큰 일처럼 처리하다.'라는 뜻이다.

026

명철보신明哲保身

글자 풀이

밝을 명明, míng, 밝을 철哲, zhé, 보전할 보保, bǎo, 몸 신身, shēn

뜻 풀이

과거에는 '현명한 사람은 자신이 위험에 처할 수 있는 일에 참여하지 않음.'을 비유한 말로 사용했지만 오늘날에는 '자신의 잘못이 드러나거나 금전적으로 손해 볼 것이 두려워 원칙적인 문제에도 가부可否를 표현하지 않는 태도'를 비유한 말로 사용한다.

유래

서주西周 때 주선왕을 보좌하면서 혁혁한 공을 세운 '중산보仲山甫'라는 충신이 있었다. 중산보는 식견이 넓고 지혜로워 사람들의 존경을 한몸에 받았다.

주나라 제후국인 노魯나라 무공武公에게는 두 명의 아들이 있었는데, 주선왕은 일방적으로 둘째 아들인 희戱를 태자로 책봉하여 혼란을 가중시켰다.

이에 중산보가 수차례 상서를 올려 막으려고 했지만 주선왕은 듣지 않았다. 희가 즉위하여 노예공이라고 칭했는데, 얼마 지나지 않아 노나라의 백성들이 불만을 품고 노예공을 주살했다.

한번은 주선왕이 서북 이민족들의 침략을 막기 위해 중산보에게 '제'라는 곳에 성을 쌓으라고 명했다. 이때 주선왕의 또 다른 대신 윤길보尹吉甫가 중산보의 인품과 재능을 높이 평가하는 시 한 수를 지었다.

이 시가 바로 『시경·대아詩經·大雅』에 수록된 『증민蒸民』인데, 총 여덟 개 부분으로 구성되어 있다. 그중에서 네 번째 부분에는 '명철보신'이라는 말을 사용해 중산보의 높은 인격과 재능을 묘사했다. 그 내용은 다음과 같다.

'천자의 명이 지엄하니 중산보가 명을 받아 길을 떠나도다. 중산보는 나라의 흥망을 똑똑히 알고 있도다. 밝고 분별력 있게 행동하여 자기 몸을 보전하며명철보신 주야로 게으름 없이 주상을 성심껏 섬기는구나.'

'명철보신明哲保身'이라는 고사성어는 바로 이 이야기에서 유래했으며, 과거에는 중산보를 칭찬하는 뜻으로 사용했지만 오늘날에는 '자신의 잘못이 드러나거나 금전적으로 손해 볼 것이 두려워 원칙적인 문제에도 가부可否를 표현하지 않는 소극적인 태도'를 비유한 말로 사용한다.

027

모수자천毛遂自薦

글자 풀이

털 모毛, Máo, 드디어 수遂, Suì, 스스로 자自, zì, 천거할 천薦, jiàn

뜻 풀이

'스스로 자신을 추천함.'을 비유한 말이다. '자진하여 나서다.', '자아추천'이라는 말을 사용하기도 한다.

유래

전국시대에 이르러 국력이 점점 강성해지기 시작한 진秦나라는 항상 다른 나라와 전쟁을 벌이곤 했다. 한번은 진나라 군대가 조趙나라의 도읍을 포위하자, 조나라는 조정의 대신인 평원군平原君을 초楚나라로 보내 구원병을 청했다.

평원군은 당시 가장 유명한 정치가의 한 사람이었고, 문객도 수천 명이나 두고 있었다.

그는 이번 초나라와의 담판이 절대로 실패해서는 안 된다는 것을

알고, 용기와 힘이 있으면서도 책략까지 뛰어난 20명의 문객을 선별
하여 초나라에 함께 가기로 마음먹었다. 하지만 수천 명의 문객 중
에서 조건에 맞는 19명만 겨우 찾아냈고, 나머지 사람들은 모두 탐
탁치 않았다.

이때 '모수毛遂'라는 사람이 평원군에게 자신을 추천했다.

"저는 모수라고 하는데, 당신을 수행할 인원 중 한 명이 부족하다
고 들었습니다. 그러니 당신께서 저를 그 스무 번째의 사람으로 삼
아주셨으면 합니다."

그러나 평원군은 모수에 대해 잘 몰랐기 때문에 "당신은 이곳에
온 지 몇 년이나 되었소?"라고 물었다. 모수가 3년이라고 대답하

자, 평원군은 "재능이 뛰어난 사람은 자루 속에 들어 있는 송곳과도 같아 그 끝이 바로 드러나는 법인데, 당신은 이곳에 온 지 이미 3년이나 되었지만 주변의 사람들이 아무도 당신의 재능을 칭찬한 적이 없고, 나 또한 당신의 이름을 들어보지 못했소. 당신은 그냥 조나라에 남아 있는 것이 더 나을 듯하오."라고 말했다.

그러자 모수는 "그것은 제가 오늘에야 저를 그 자루 속에 넣어 보시라고 청을 드리기 때문입니다. 만약 제가 일찍부터 그 자루 속에 넣어졌더라면 모든 예봉이 이미 드러났을 것이고, 단지 그 끝만 보이지는 않았을 것입니다."라고 말했다.

모수의 말에 설득된 평원군이 모수를 데리고 초나라로 가기로 했지만 그 밖의 19명은 서로 눈짓을 하며 모수를 비웃었다. 그러나 초나라로 가는 길에 모수는 동료들과 많은 문제를 논의했고, 동행한 19명은 모두 모수의 능력을 알게 되었다.

평원군은 초나라에 도착한 후 여러 번에 걸쳐 초나라 왕과 담판을 벌였다. 아침에 해가 뜨자마자 담판을 시작하여 한낮이 될 때까지 아무런 결과를 얻지 못했다. 동행한 19명의 문객도 별 뾰족한 수를 내놓지 못했다. 그리하여 어쩔 수없이 모수에게 도움을 청하게 되기에 이르렀다.

모수는 담판석상의 평원군에게 "조나라와 초나라가 연합하는 일은 두 마디면 바로 결정을 내릴 수 있습니다. 그런데도 이렇게 몇 차례나 담판을 해도 결정을 내릴 수 없는 이유가 도대체 무엇 때문입니까?"라고 물었다.

그러자 초나라 왕은 모수의 말에 매우 불쾌해하며 "어서 물러가지 못할까! 과인은 지금 당신의 상전과 이야기를 나누고 있는데, 당신이 뭐라고 끼어드는 거요?"라고 화를 냈다.

그러자 모수가 칼자루를 잡으면서 말하기를, "대왕께서 감히 저를 꾸짖으시는 것은 지금 여기에 초나라 사람이 많기 때문일 것입니다. 그러나 지금 우리 두 사람의 거리가 이렇게 가까우니 초나라 사람이 아무리 많더라도 아무런 쓸모가 없습니다.

당신의 목숨은 바로 제 손안에 있습니다. 제가 듣기로 상商나라 탕湯왕과 주周나라 문왕文王은 처음에 매우 자그마한 근거지를 갖고 시작했지만 결국 천하를 통일했습니다. 그런데 지금 초나라의 영토는 매우 광활하고 군사가 100만 명이 훨씬 넘는데도 불구하고 종종 진나라 군대의 우롱을 당하고 있습니다.

우리 조나라와 초나라가 연맹을 맺는다면 초나라에도 좋은 일이지, 결코 우리 조나라에게만 유리한 것은 아닙니다. 지금 저의 상전이 이곳에 계신데, 왜 당신은 그의 체면을 돌보지 않고 저를 꾸짖으십니까?"라고 말했다. 초나라 왕은 모수의 말에 설복되었고, 심지어 그가 정말로 자신을 해칠까 두려워 맹약을 체결하기로 결정했다.

평원군은 자신의 중책을 완성하고 조나라로 돌아와 탄식하며 말하기를, "오늘 이후부터 나는 감히 내 자신이 인재를 알아보는 안목이 있다고 말하지 못하겠구나. 모수가 이번에 초나라에서 보여준 언행은 조나라의 위엄과 명망을 크게 드높였다. 세 치 혀가 100만 명이 훨씬 넘는 군사보다 낫구나. 그런데 이러한 인재를 나는 이제까지 전혀 알아보지 못했구나!"라고 개탄했다.

'모수자천毛遂自薦'이라는 고사성어는 바로 이 이야기에서 유래했으며, '다른 사람의 소개를 거치지 않고 스스로 자신을 추천하여 일을 함.'을 비유한 말이다.

028

모야무지 暮夜無知

글자 풀이

저물 모暮, mù, 밤 야夜, yè, 없을 무無, wú, 알 지知, zhī

뜻 풀이

'야밤에 하는 일을 아는 사람이 없다.'라는 뜻으로, '몰래 뇌물을 주는 것'을 비유한 말이다.

유래

양진楊震의 자는 '백기伯起'이고, 홍농화음弘農華陰, 오늘날의 섬서 화현 출신이다. 양씨 가문은 400여 년 동안 대대로 서한과 동한의 고위관직을 지낸 손꼽히는 명문세가였다. 양진은 어릴 적부터 경전에 밝고, 박학다식하여 사람들은 그를 공자에 견주어 '관서의 공자'라고 불렀다. 그는 '호현'이라는 곳에 자주 머물렀는데, 현지의 관리들이 그에게 벼슬길에 나서기를 수십 차례 권유했지만 벼슬에 뜻이 없었던 양진은 이런저런 핑계로 매번 거절했다. 그 후 양진의 어진 성품을 전해 들은 대장군 등즐鄧騭이 특별히 그를 천거했다. 그리하여 50세가 되어서야 벼슬길에 올랐는데, 네 번의 승진을 거쳐 형주자사, 동래 태수에까지 이르렀다.

양진이 형주로 부임하러 가는 도중, 창읍현昌邑縣을 지나게 되었다. 이미 자정이 넘은 시각이라 주위에 어둠이 깔려 사물을 구분할 수 없었다. 그런데 멀리에서 다급한 발걸음소리가 들렸다. 창읍의 현령 왕밀王密이었다. 양진에게 바싹 다가선 왕밀은 품에서 황금 10근을 조심스레 꺼내어 양진의 품에 안겨주었다.

"무엇이오?" 놀란 양진이 눈을 크게 뜨고 물었다.

"감사의 마음입니다. 받아주시죠." 왕밀이 대답했다. 왕밀은 양진의 천거를 받아 현령이 되었는데, 이에 대한 사례를 하려고 했던 것이다.

"그대는 어찌 나의 마음을 몰라주는가?" 양진이 물었다.

"밤이 캄캄하니 모야무지 아니겠습니까? 아는 사람이 없을 것입니다."

왕밀의 말이 채 끝나기도 전에 양진은 크게 화를 내며 말했다.

"하늘이 알고 땅이 알고 그대가 알고 내가 아는데 어찌 아는 사람이 없다고 하는가!"

양진이 거절하자 왕밀은 부끄러워하며 황금을 도로 넣고 돌아갔다.

양진은 탁군태수로 전임轉任한 후에도 사람을 겸손하게 대했고, 검소한 생활을 했다. 그의 후손들 또한 양진을 따라 검소하게 생활했다. 지인들은 전답과 가옥을 마련해 자식들에게 물려주라고 귀띔했지만 양진은 들은 체도 하지 않았고 오히려 "후세 사람들에게 청백리의 자손이라는 명성을 물려주는 것이 가장 귀한 유산이 아니겠는가?"라고 하며 오히려 지인들을 타일렀다.

얼마 지나지 않아 그의 청렴하고 강직한 성품은 못된 벼슬아치들의 미움을 샀다. 그들은 양진의 마음을 뇌물로 사려고 했지만 뜻대로 되지 않자, 양진을 모함하여 벼슬자리에서 쫓아냈다. 양진은 관직을 삭탈당하고 고향으로 돌아가던 중 기양정機陽亭에 이르렀다. 그는 뒤따르는 자제들에게 말했다.

"죽음은 선비의 본분에 속하는 일이다. 폐하의 성은으로 높은 자리에 올랐고, 간신들이 하는 나쁜 일을 보고 분노했지만 이를 제거할 방법을 찾지 못했으니 무슨 면목으로 돌아간단 말인가! 내가 죽은 후 가족의 선산에 묻지 말고, 제사도 지내지 말라."

이 말을 마치고는 독주를 마시고 자결했다. 그때 그의 나이 70세였다.

이 이야기는 『후한서 · 양진전後漢書 · 楊震傳』에 수록되어 있다. '모야무지暮夜無知'라는 고사성어는 바로 이 이야기에서 유래했으며, 과거에는 '심야에 하는 일을 아는 사람이 없음.'을 비유한 말로 사용했지만 오늘날에는 '뇌물을 주고받는 행위'를 비유한 말로 사용한다.

029

목불견첩 目不見睫

글자 풀이

눈 목目,mù, 아닐 불不,bù, 볼 견見,jiàn, 속눈썹 첩睫,jié

뜻 풀이

'눈으로 자기 눈썹을 보지 못한다.'라는 뜻으로, '자신의 허물은 잘
알지 못하고, 남의 허물은 잘 아는 것'을 비유한 말이다.

유래

춘추시대 초기 초나라 장왕庄王이 수년간 치국 방도를 모색한 끝에
초나라를 경제가 번영하고 막강한 군사력을 갖춘 강대국으로 발전
시켰다.

　부국강병의 뜻을 이룬 장왕은 군사를 일으켜 초나라의 위상을 제
후들에게 알리고, 패주가 되고자 마음먹었다.

　초장왕이 문무백관들을 불러 물었다.

　"오늘날 초나라가 이처럼 강대해졌으니 과인은 당당히 패주가 되

어 패권을 손에 넣을 것이오. 그러기 위해서는 제후국을 토벌하여 과인의 위상을 드높여야 하오. 오늘날의 형국에서 어느 나라가 가장 적합할 것 같소?"

그러자 한 대신이 월越나라가 가장 적합하다고 말했다.

이때 겨우 나라가 안정을 되찾았는데 또다시 백성들을 전쟁의 고통 속으로 몰아넣는 것이 안타까웠던 두자杜子는 장왕의 월나라 토벌을 제지하고 싶었다.

두자가 말했다.

"주군께서는 월나라 토벌이 승산이 있다고 보시는지요?"

초장왕이 껄껄 웃으며 대답했다.

"초나라에는 강한 군사들과 넘쳐나는 곡식이 있는데 그깟 월나라쯤이야 식은 죽 먹기 아니겠소? 허허허!"

"주군께서 그토록 자신이 있으시다면 그 책략에 대해 한번 들어보고 싶군요."

"월나라는 현재 조정이 혼란하고 민심이 이반되어 있으니 군의 사기가 극도로 저하되어 있을 것이오. 이는 하늘이 내린 기회지. 그 틈을 타 우리 초나라군이 공격하면 월나라는 싸움을 시작하기도 전에 투항하게 될 것이오."

이를 듣고 있던 두자가 웃으면서 말했다.

"그럼, 이 나라의 왕이신 폐하께서는 자신의 눈썹을 볼 수 있습니까?"

"그 누구도 자기의 눈썹은 못 보지 않소? 그런데 그것이 월나라를 공격하는 것과 무슨 상관이 있단 말이오?"

초장왕은 어리둥절해졌다.

두자가 말했다.

"당연히 있지요. 허물을 눈썹에 비유한다면 사람들은 자신의 눈썹을 보지 못하듯이 자신의 허물 역시 잘 알지 못하지요. 얼마 전 초나라는 진秦나라, 진晉나라와의 교전에서 대패하여 몇백 리에 걸친 영토를 버리고 도망가지 않았습니까? 이러한 군대가 과연 강대하다고 할 수 있을까요? 또 초나라의 '장희庄喜'라는 간신이 도적질을 일삼아 백성들에게 고통을 줄 때, 법을 다스리는 벼슬아치들은 어디서 무엇을 하고 있었는지요? 이 일을 모르고 있었던 것일까요? 아니면 알면서도 모른 척했던 것일까요? 이러한 점에서 본다면 초나라가 군사로 보나, 정치로 보나 월나라보다 뛰어나다고 할 수 없습니다. 이는 주군께서 눈으로 눈썹을 보지 못함과 다를 바가 없지요."

초장왕은 그제서야 정신이 번쩍 들어 정벌 계획을 취소했다.

'목불견첩目不見睫'이라는 고사성어는 바로 이 이야기에서 유래했다. 이는 '눈으로 자기 눈썹을 보지 못한다.'라는 뜻으로, '자신의 허물은 잘 알지 못하고, 남의 허물은 잘 아는 것'을 비유한 말이다.

030

목인석심木人石心

글자 풀이

나무 목木, mù, 사람 인人, rén, 돌 석石, shí, 마음 심心, xīn

뜻 풀이

'나무로 만든 사람', '돌 같은 마음'이라는 뜻으로, '유혹에 넘어가
지 않는 사람' 또는 '무뚝뚝한 사람'을 비유한 말이다.

유래

봄바람이 살랑살랑 불고, 햇살이 따스한 3월의 어느 날, 서진西晉의
낙양성에서는 귀족들과 선비들이 강가에 모여 봄놀이를 즐기고 있
었다. 태위太尉 가충賈充도 가족과 함께 화려한 옷차림을 하고 구경에
나섰다.

가충이 한창 봄 경치에 빠져 있는 동안, 강가에 선비로 보이는 한
사람이 쪽배에 타고 있는 모습이 보였다. 그 선비는 주변의 아름다
운 경치와 꽃다운 여인들에게 눈길 한 번 주지 않고 줄곧 한곳만을

바라보고 있었다. 이를 이상하게 여긴 가충이 하인을 시켜 그 사람의 이름을 알아보도록 했다.

그의 이름은 '하통夏統'이고, 회계 영흥 출신이었다. 하통은 학문이 깊고, 다재다능하여 그가 살고 있는 지방에서 명성이 자자했지만 세속적인 명리를 싫어하고, 덕을 매우 중히 여기는 숨은 선비였다. 그는 중병에 걸린 어머니의 약을 구하기 위해 낙양에 왔던 것이다.

가충은 강가에 배를 대고 하통에게 다가가 하통의 고향인 영흥에도 '3월 봄놀이' 풍속이 있는지를 물었다.

하통은 '옛 것을 그리워하고 부귀영화를 싫어한다.'라며 짧게 대답했다.

가충이 다시 물었다.

"당신이 사는 곳은 물이 많으니 배를 잘 저을 수 있겠지요?"

그러자 하통이 능숙한 솜씨로 노를 저었는데, 사람들의 감탄을 자아낼 정도였다.

가충이 이번에는 하통의 노래를 한번 들어보고 싶다고 부탁했다.

이에 하통은 즉석에서 노래 세 곡을 불렀는데, 아름다운 음색과 가사가 듣는 이들을 감동시켰다.

하통의 재능을 신통히 여긴 가충은 그를 수하에 두고 싶었다. 그리하여 하통에게 벼슬자리를 권유했다. 그러나 하통은 이를 정중히 거절했다.

가충은 자신의 부유함을 내세워 하통의 마음을 움직이려고 했다. 가충은 하인들과 요염한 무희들을 가득 태운 배에 앉아 하통의 주변을 세 바퀴 돌았다.

"얼마나 아름다운 미희들이오! 벼슬자리를 받아만 준다면 미인들은 모두 당신 차지가 되오."

가충의 온갖 감언이설에도 하통은 요지부동이었다.

그런 하통의 모습에 가충은 탄복하며 말했다.

"이 사람이야말로 목인석심이로구나."

이 이야기는 『진서·하통전晉書·夏統傳』에 수록되어 있다. '목인석심木人石心'이라는 고사성어는 바로 이 이야기에서 유래했으며, '외부의 유혹에 전혀 흔들리지 않음.'을 비유한 말이다.

031

무가지보 無價之寶

글자 풀이

없을 무無, wú, 값 가價, jià, 갈 지之, zhī, 보배 보寶, bǎo

뜻 풀이

'값을 매길 수 없는 귀중한 보물'이라는 뜻으로, '극히 귀중한 보물'을 비유한 말이다.

유래

전국시대 위나라의 한 농부가 밭에서 일을 하던 중, 딱딱한 것이 호미에 부딪치는 느낌이 들어 땅을 파보니 한 자 남짓한 옥석이었다. 그는 옥석을 들고 이웃에 사는 박식한 사람을 찾아갔다. 이웃 사람은 농부에게 이 돌은 매우 불길해 집에 두면 큰 재앙을 가져다줄 것이니, 원래 자리에 갖다 놓으라고 했다. 덜컥 겁이 난 농부는 옥석을 고스란히 원래 자리에 갖다 놓았다.

농부가 자리를 비우자, 이웃 사람이 옥석을 냉큼 가져 갔다. 이웃

집 아내가 방 안에 은은한 광채를 뿜으며 놓여 있는 옥석을 보고 남편에게 말했다.

"이 옥석은 귀한 보물인 것 같은데, 누추한 이곳에 두었다가 행여 도적들이 알기라도 하면 보물도 뺏기고 목숨까지 잃을 수 있습니다."라고 하면서 '옥석을 왕에게 바친다면 포상금을 받거나 관직을 얻을 수 있다'고 조언했다. 그리하여 부부는 옥석을 갖고 궁궐로 향했다.

위나라 왕은 귀한 보물을 가져왔다는 소식을 듣고 부부를 만나주었다. 그리고는 장인에게 옥석의 진위를 가리라고 명했다. 옥석을 말없이 한참 동안 살펴보던 장인이 왕에게 고했다.

"주상전하, 이 옥의 가치는 헤아릴 수가 없나이다무가지보. 5개의 성을 합친 만큼의 값어치라면 모를까요."

　뜻밖에 귀한 보물을 얻은 위왕이 크게 기뻐하며 보물을 바친 사람에게 큰 상을 내리라고 명했다. 그리하여 이웃집 부부는 많은 금은보화를 하사받게 되었다. 부부는 하사받은 금은보화의 절반을 이웃 농부에게 주었고, 두 가족은 풍족한 생활을 할 수 있었다.

　이 이야기는 『윤문자 · 대도상尹文子 · 大道上』에 수록되어 있다. '무가지보無價之寶'라는 고사성어는 '값을 매길 수 없는 매우 귀중한 보물'을 일컫는 말이다.

문가라작 門可羅雀

글자 풀이

문 문門, mén, 옳을 가可, kě, 그물 라羅, luó, 참새 작雀, què

뜻 풀이

'대문 앞에서 그물을 쳐 새를 잡을 지경'이라는 뜻으로, '드나드는 손님이 드물어 문 앞이 쓸쓸함.'을 비유한 말이다.

유래

한나라 무제武帝에게는 이름난 두 현신賢臣 '급암汲黯'과 '정장鄭莊' 이 있었다. 급암은 젊었을 때 노자老子와 장자庄子가 지은 서책을 즐겨 읽었으며, 정직하고 매사에 공정해 사람들의 존경을 한몸에 받았다. 한무제는 그를 주작도위主爵都尉에 임명하고, 그로부터 얼마 지나지 않아 동해태수太守에 임명했다.

급암은 동해태수가 된 후, 부임지에서 부하들의 존경을 받았다. 현령들도 그를 본받아 백성들을 아꼈다. 급암은 그 후 공적을 인정

받아 다시 조정의 요직을 맡게 되었다.

한무제 초, 한나라의 북방 변경은 늘 흉노들의 침입을 받았다. 변강의 관리들이 약탈과 방화를 일삼는 흉노의 침탈을 막아 낼 방법이 없게 되자, 한무제는 흉노족을 공격하기로 결심했다. 무제는 대신들에게 그 뜻을 전했지만 누구 한 명 나서서 간언하는 자가 없었다.

바로 그때 급암이 나서며 말했다.

"폐하, 과거에 고조 황제께서 30만 명의 대군을 이끌고도 평성에서 흉노에게 포위되었다는 말을 들은 적이 있사옵니다. 그 포위망은 번쾌樊噲 장군조차 뚫기 어려웠다고 하옵니다. 아직 국력이 쇠약하니 전쟁을 잠시 미루는 것이 어떠하옵니까?"

이 일로 급암은 한무제의 노여움을 사 면직되었다.

한무제의 또 다른 현신인 정장鄭庄이 태사太史로 있을 때였다. 그는 문지기 하인에게 "무릇 나를 찾아오는 사람들은 모두 손님이니, 빈부를 따지지 말고 후하게 대접하라."고 당부할 만큼 정직하고 청렴했다. 비록 재산이 많지는 않았지만 돈을 꾸러 오는 어려운 사람들에게 흔쾌히 빌려주곤 했다. 사람들은 그의 높은 인품을 극찬했다. 그러나 훗날 정장은 부하의 횡령 사건에 연루되어 면직되었다.

급암과 정장은 모두 청렴하고 정직한 관리로 사람들의 존경을 한 몸에 받았던 인물이었다. 두 사람이 높은 관직에 있는 동안에는 날마다 드나드는 사람들로 문정성시를 이루었지만 관직을 잃은 후에는 문객들의 발길이 끊겨 '대문 앞에서 그물을 쳐 새를 잡을 지경문가라작'으로 집 안팎이 한산했다.

'문가라작門可羅雀'이라는 고사성어는 바로 이 이야기에서 유래했으며, '드나드는 손님이 드물어 문 앞이 쓸쓸함.'을 비유한 말이다.

033

문경지교刎頸之交

글자 풀이

목 벨 문刎, wěn, 목 경頸, jǐng, 갈 지之, zhī, 사귈 교交, jiāo

뜻 풀이

'생사고락을 함께할 만큼 친한 벗'을 비유한 말이다.

유래

장이張耳는 위나라 대량大梁 사람으로, 일찍이 신능군信陵君의 문객門客으로 있었다. 그 후 위나라로 망명하여 외황外黃, 오늘날의 하남 민권현 서북에 사는 친구 집에 머물다가 과부를 아내로 맞았다. 부유한 처가의 도움을 받아 장이는 마침내 외황령外黃令으로 임명되었다.

진여陳余 역시 대량 사람으로, 어릴 적부터 장이를 아버지처럼 따르고 공경하며 몹시 가깝게 지냈다.

진나라는 위나라를 멸망시킨 후 장이와 진여가 위나라의 명사라는 사실을 뒤늦게 알고, 현상금을 걸고 수배했다. 진여와 장이는 성과 이름을 고치고, 한 마을에서 문지기가 되어 살았다.

얼마 후 장이와 진여는 대군을 이끌고 진나라에 들어온 진섭陳涉의 대열에 합류했다. 진섭은 그들이 현능하다는 소문을 들은 터라, 두 사람을 각별히 신임했다. 진섭은 북상하여 조나라의 땅을 수복하라는 진여의 권유에 따라 부하 무신武臣을 장군으로 삼고 장이와 진여를 각각 좌우 교위校尉로 삼아 조나라를 공략하도록 했다. 무신 장군은 조나라를 수복한 후 조왕으로 등극하고 진여를 대장군으로, 장이를 우승상右丞相으로 임명했다.

한편 진나라 군대가 조나라를 공격하여 조나라 왕과 장이를 거록鉅鹿에서 포위했고, 진여는 군사 수만 명을 거록鉅鹿 이북에 주둔시켰다. 장이가 진여에게 구원해줄 것을 수차례 부탁했지만 진나라와 대적하기 두려웠던 진여는 감히 교전에 나서지 못했다.

급기야 장이는 사람을 보내 말을 전했다. "옛날 나와 장군은 문경지교를 맺어 죽음을 같이 하기로 맹세했소. 오늘 조나라 왕과 내 목숨이 조석에 달려 있는데, 장군은 수만 명이나 되는 군사들을 거느리고 있으면서도 구원하기를 망설이니 서로를 위해 목숨을 내놓겠다고 한 맹세는 어디로 갔단 말이오?"

진여는 마지못해 5,000명의 군사를 보내 진나라 진영을 향해 돌격했지만 전멸하고 말았다.

그 후 각 제후의 지원군이 도착하고, 진나라군이 식량 부족으로 철수하면서 장이는 포위에서 벗어났다. 그는 진여를 찾아가 책망했다. 그러자 진여가 허리에 차고 있던 장군의 인수를 풀어 장이에게 건네주며 말했다. "장군께서 나에 대한 원망이 이리 깊은 줄은 몰랐소. 내가 이까짓 장군직을 버릴 수 없다고 생각하시오?" 장이가 놀라면서 받지 않자, 진여가 자리를 떠났다.

"제가 듣기로는 하늘이 주는 것을 받지 않으면 그것이 화가 된다고 했습니다."

장이는 옆에 있던 부하의 말을 듣고 인수를 거두었다. 다시 자리에 돌아온 진여는 끝까지 사양하지 않고 장군의 인수를 거둔 장이를 몹시 원망했다. 그는 자신을 따르던 수백 명의 부하들과 함께 그곳을 떠나 호숫가에서 고기를 잡으며 지냈고, 그때로부터 진여와 장이의 사이는 멀어지게 되었다.

장이는 후에 항우項羽를 따라 입관하면서 상산왕常山王에 봉해졌고, 제齊나라 왕은 조나라와 연합하여 초나라에 대항하고자 진여에게 3만 명의 군대를 맡겼다. 진여는 이 정병을 이끌고 상산왕 장이를 습격했지만 결국 참패하고 한왕漢王 유방劉邦에게로 갔다.

유방은 장이를 한신의 부장군으로 임명했다.

한편, 조나라를 멸망시키는 공을 세운 후 성안군으로 봉해진 진여는 지수泜水에서 전사했다. 장이는 친구가 전사하는 것을 그저 바라보고만 있었다.

'문경지교刎頸之交'라는 고사성어는 바로 이 이야기에서 유래했으며, '생사고락을 함께할 만큼 친한 벗'을 비유한 말이다.

034

문정약시 門庭若市

글자 풀이

문 문門, mén, 뜰 정庭, tíng, 같을 약若, ruò, 저자 시市, shì

뜻 풀이

'문 앞에 사람이 많아 시장을 방불케 한다.'라는 뜻으로, '오가는 손님이 그칠 새 없음.'을 비유한 말이다.

유래

전국시대 제齊나라에는 '추기鄒忌'라고 하는 대부가 있었는데, 훤칠한 키에 준수한 외모를 가진 미남이었다.

하루는 추기가 조회에 참석하기 위해 의관을 정제하던 중, 거울에 비친 자신의 모습을 유심히 바라보게 되었다. 그는 자신의 모습이 흡족한 나머지 옆에 있던 아내에게 물었다.

"부인, 나와 성북城北에 사는 서공徐公 중 누가 더 잘 생긴 것 같소?"

서공 역시 제나라 미남으로 손꼽히는 사람이었다.

추기의 아내가 대답했다.

"어찌 서공과 비교할 수 있나요? 당신이 훨씬 잘 생겼지요."

부인의 말을 들은 추기는 속으로 몹시 기뻤지만 누군가에게 또다시 확인받고 싶었다. 그리하여 이번에는 애첩에게 물었다.

"나와 서공 중에 누가 더 잘 생긴 것 같소?"

그러자 애첩은 한 치의 망설임도 없이 대답했다.

"그거야 물론 서방님이죠. 서공이 제 아무리 잘 생겼다고 하더라도 서방님과 비할 바는 못 됩니다."

그래도 성에 차지 않은 추기가 다음 날 찾아온 손님에게 물었다.

"서공과 어찌 비하겠습니까."

역시 같은 대답이었다.

며칠이 흘러 북문의 서공이 공교롭게도 추기의 집을 방문하게 되었다. 서공을 처음 본 추기는 흠칫 놀라 그만 뒤로 물러서고 말았다.

'천하에 저렇게 잘 생긴 사람이 있다니!'

추기는 제나라 미남 서공을 만난 후 서공이 자신보다 훨씬 잘 생겼다는 것을 깨닫고 밤새 뒤척이며 곰곰이 생각했다.

"내가 더 잘 생겼다고 말한 아내는 나를 편애하기 때문이고, 애첩이 나를 잘 생겼다고 말한 것은 나를 두려워하기 때문이다. 또 손님은 내게 청탁이 있었기 때문이다. 그러니 내가 어찌 진실을 들을 수 있었겠는가?"

날이 밝자 추기는 서둘러 궁으로 들어갔다. 그는 제나라 위왕을 알현한 자리에서 자신이 깨달은 바를 들려주었다.

"궁궐 안팎에는 군주의 환심을 사려 하는 사람들로 가득합니다. 조정의 신하치고 왕을 두려워하지 않는 사람이 없으며, 백성들도 왕의 은혜를 받으려 합니다. 왕이 실수를 저질러도 솔직하게 말해줄 수 있는 사람은 아무도 없습니다. 그러하오니 군주께서는 신하들이 왕의 잘못을 말할 수 있도록 아량을 베풀어야 합니다. 그래야만 나라가 바로 서고, 백성들이 행복해질 수 있습니다."

제위왕은 추기의 말을 듣고 느끼는 바가 있어 즉시 명령을 내렸다.

"오늘부터 조정의 대신, 지방의 관리, 평민을 막론하고 과인의 잘못을 직언하는 자에게는 큰 상을 주겠노라. 상서로 간하는 자와 저 잣거리에서 내 욕을 하는 자에게도 상을 내리겠다."

어명이 내려지자, 왕에게 간언하기 위해 모여든 사람들로 궁궐 문 앞과 뜰은 저잣거리마냥 들끓었는데, 이를 일컬어 '문정약시'라고 했다. 상소도 쇄도했으며 길거리에는 삼삼오오 모여 군주의 흉을 보는 진풍경이 벌어졌다. 제위왕은 이를 모두 받아들였다.

그로부터 몇 개월이 지나자 상서는 크게 줄었고, 간언하러 찾아오는 사람들도 뜸해지더니 1년이 되던 해부터 제나라의 국위는 크게 선양되었고, 각국에서는 제나라를 본받기 위해 사신을 보내왔다.

'문정약시門庭若市'라는 고사성어는 바로 이 이야기에서 유래했다. 이는 '문 앞에 사람이 많아 시장을 방불케 한다.'라는 뜻으로 '오가는 손님이 그칠 새 없음.'을 비유한 말이다.

035

반면지교半面之交

글자 풀이

절반 반半, bàn, 낯 면面, miàn, 갈 지之, zhī, 사귈 교交, jiāo

뜻 풀이

'잠깐 만난 사이인데 얼굴을 기억하고 있다.'라는 뜻으로, '친분이 돈독하지 않은 사이'를 비유한 말이다.

유래

동한東漢 때 유명한 학자 응봉應奉은 어릴 때부터 남달리 총명했고, 한 번 보거나 경험한 것은 절대로 잊어 버리지 않는 비상한 기억력을 갖고 있었다.

당시에는 백성들의 억울한 사건을 해결하기 위해 지방에 사람을 파견하여 재수사를 진행하는 일이 잦았다. 한번은 2,000명이 넘는 사람들이 연루된 소송 사건으로 나라가 시끄러웠다. 기억력이 뛰어난 응봉이 이 사건의 수사를 맡게 되었다. 그는 24개의 지방을 돌며 수사를 끝내고 관청에 돌아와 기록한 자료를 보지도 않은 상태에서 그동안 만난 사람들과 생긴 일들을 빠짐없이 보고해 사람들을 놀라게 했다.

당시 고인의 묘비에 새겨지는 비문은 신분에 따라 사용되는 필체와 문구가 엄격하게 규정되어 있었는데, 많은 문인과 학사들은 비문을 무척 중시했다.

어느 날 응봉은 함께 수사를 나온 허훈許訓과 말을 타고 묘지 앞을 지나게 되었다. 화려한 필체와 아름다운 문구를 보고 한눈에 반한 허훈이 말에서 내리더니 장문의 비문을 외우기 시작했다.

이 광경을 지켜보던 응봉은 비문을 대충 눈으로 훑어보고는 이렇게 말했다.

"말에서 내려서 볼 것까지야. 돌아가면 그대로 적어 드릴 테니 이제 그만 말에 오르시지오."

허훈은 속으로 몹시 언짢았다. 응봉이 뛰어난 기억력을 갖고 있다는 것은 들어서 익히 알고 있었지만 이렇게 긴 비문을 한 번 보고 기억한다는 것은 있을 수 없는 일이라고 생각했다.

허훈이 끝까지 믿지 않자 응봉은 할 수 없이 말에서 내렸다. 그는 비석을 등지고 서서 먼 산을 바라보며 비문을 읊어 내려갔다. 한 자도 틀리지 않고 읊었지만 허훈은 여전히 반신반의했다.

'분명 어디선가 이 비문을 본 적이 있을 것이야.'

허훈은 속으로 중얼거렸다.

　허훈은 응봉을 시험해보기로 했다. 허훈은 오는 길에 관사며 빈객, 군사 그리고 많은 하인들을 만나면서 생긴 일들을 꼼꼼하게 기록했다. 도성에 도착하자 기록한 내용을 응봉에게 보여주었다.

　"그동안 기록한 내용들이오. 한번 보시오."

　응봉은 대충 넘겨보더니 "빠뜨린 부분이 있소."라고 말했다.

　응봉의 말에 허훈은 어안이 벙벙했다.

　"빠뜨리다니, 대체 어느 부분이란 말이오?"

　"영천 윤씨穎川 綸氏 집에서 물을 마시며 목을 축였던 일을 까맣게 잊으셨단 말이오? 기록에 빠져 있지 않소?"

　그제서야 기억이 떠오른 허훈은 응봉의 기억력에 탄복하고 말았다.

응봉이 팽성彭城에 있는 원하袁賀를 찾아갔을 때의 일이다. 주인이 외출 중이라 대문이 굳게 닫혀 있었다. 그가 되돌아가려고 할 때 하인 한 명이 문을 빼꼼히 열었다. 그 하인은 얼굴 반쪽만 내밀더니 차갑게 몇 마디 던지고는 귀찮다는 듯 대문을 닫아 버렸다.

그 후 수십 년이 흐른 어느 날, 길을 가던 응봉은 우연히 그 하인과 마주치자 아는 체했다. 느닷없이 인사를 받은 하인은 당황하며 누구냐고 물었다.

"나를 모르겠나? 하기야 나와는 '반면지교'밖에 없으니 기억할 리가 없지. 옛날 팽성 원하에 살지 않았느냐?"

응봉이 이렇게까지 설명했음에도 불구하고 하인은 여전히 기억나지 않는 듯 고개만 갸우뚱했다.

이 이야기는 후한 『응봉전應奉傳』에 수록되어 있다. '반면지교半面之交'라는 고사성어는 바로 이 이야기에서 유래했다. 이는 '잠깐 만난 사이인데 얼굴을 기억하고 있다.'라는 뜻으로, '친분이 돈독하지 않은 사이' 또는 '한두 번 만나 약간의 교분이 있음.'을 비유한 말이다.

백락상마伯樂相馬

글자 풀이

맏 백伯, bó, 즐거울 락樂, lè, 서로 상相, xiàng, 말 마馬, mǎ

뜻 풀이

'백락이 말의 관상을 보다.'라는 뜻으로, '인재를 잘 고름.'을 비유
한 말이다.

유래

춘추시대 상마가相馬家 손양孫陽은 명마를 가려내는 안목이 가히 신神
의 경지에 이르렀는데, 사람들은 그를 '백락伯樂'이라고 불렀다. 무
릇 그가 마음에 들어 하는 말은 모두 하나같이 최상급 준마였다.

한번은 초나라 왕이 백락에게 천리마를 구해 오라고 하자, 초왕에
게 다음과 같이 말했다.

"천하에 천리마는 손에 꼽을 만큼 극히 드뭅니다. 주군께서 인내
하고 기다려주신다면 수단과 방법을 가리지 않고 천리마를 구해 오

겠습니다.”

천리마를 구하기 위해 길을 떠난 백락은 명마의 고장인 연燕나라와 조趙나라를 돌면서 샅샅이 찾아보아도 마음에 드는 천리마를 찾을 수 없었다. 낙심하고 돌아오는 길에 백락은 무거운 소금 수레를 힘겹게 끌고 가쁜 숨을 몰아쉬며 오르막길을 오르고 있는 말 한 마리를 발견했다. 말을 보고 그냥 지나칠 수 없었던 백락이 가까이 다가가 살펴보니, 그 말은 삐쩍 말라 뼈만 앙상하게 남아 있었고, 꼬리는 축 늘어져 있었다. 측은한 마음이 들어 말을 쓰다듬자 말이 갑자기 앞발을 높이 들고 구슬프게 우는 것이었다. 그 울음소리는 하늘에 크게 울리며 멀리 퍼져 나갔고, 그 울음소리를 들은 백락은 대뜸 자신이 그토록 찾아 헤맸던 천리마임을 알아보았다.

백락이 촌부에게 말했다.

“용맹한 장군을 태우고 천하를 누벼도 시원치 않을 천리마가 이곳에서 소금 수레나 끌고 있다니 참으로 안타깝도다. 이 말을 내게 팔게나.”

촌부는 속으로 백락을 ‘보는 눈이 없는 멍청이’라고 비웃으며 망설임 없이 말을 팔았다.

백락은 한달음에 궁으로 달려갔다. 그는 말의 목을 쓰다듬으며 다음과 같이 말했다.

“천리마야, 내 네게 용맹한 주인을 찾아주리라.” 천리마도 백락의 말을 알아들었는지 앞발을 높이 들더니 울음소리로 화답했다.

말 울음소리를 들은 초왕이 황급히 궁 밖으로 나왔다. 백락은 말 등을 툭툭 치면서 말했다.

"주상전하, 그토록 기다리셨던 천리마를 구해 왔습니다. 구경 한 번 해보십시오."

그러나 초왕의 눈앞에는 삐쩍 말라 볼품없는 늙은 말 한 마리만 서 있을 뿐, 천리마는 보이지 않았다.

초왕이 불쾌한 표정을 지으며 말했다.

"자네 지금 과인을 농락하는 것이오? 어찌 이런 말을 내 앞에 가져 다 놓고 천리마라고 하는 것이오?"

"주상전하, 이 말은 한동안 소금 수레를 끌었던지라 몹시 지쳐 있습니다. 정성을 다해 여물을 주면 보름이면 회복될 것입니다. 천리마임이 확실합니다."

초왕은 여전히 반신반의했지만 한번 기다려보기로 했다.

초왕은 마부를 시켜 질 좋은 사료와 가장 좋은 마구간을 내주어 보살피게 했다. 과연 며칠이 지나니 말은 몰라보게 건장해졌다. 이를 본 초왕이 곧바로 말에 올라 채찍을 휘두르자 말은 순식간에 100여 리를 달렸다. 훗날 초왕은 그 천리마를 타고 전쟁에서 승승장구하며 수많은 공적을 쌓아 이름을 떨쳤다.

'백락상마伯樂相馬'라는 고사성어는 바로 이 이야기에서 유래했다. 이는 '백락이 말의 관상을 보다.'라는 뜻으로, 오늘날에는 '인재를 잘 고름.'을 비유한 말이다.

백문불여일견百聞不如一見

글자 풀이

일백 백百, bǎi, 들을 문聞, wén, 아닐 불不, bù, 같을 여如, rú, 하나 일一, yí, 볼 견見, jiàn

뜻 풀이

'백 번 듣는 것보다 한 번 보는 것이 낫다.'라는 뜻이다.

유래

한나라 때에는 유난히 명장들이 많았는데, '조충국趙充國'도 그중 한 사람이었다. 그는 롱서롱상隴西隴上, 오늘날의 감숙성 천수 사람이었는데, 사람을 항상 침착하고 신중하게 대했고, 용병술에 대해 연구하기를 즐겼으며, 특히 주변 소수 민족들의 상황을 손금 들여다보듯 했다.

한무제漢武帝 때, 그는 이광리李廣利 장군을 따라 흉노족을 공격하던 중, 흉노족들에게 포위당하고 말았다. 더욱이 군량까지 부족해 사상자가 날이 갈수록 늘어나고 있었다. 조충국은 직접 100여 명의 건장한 기병들과 함께 포위망을 뚫었고, 이광리가 그 뒤를 따랐다. 조충국이 흉노족의 포위망을 뚫고 나왔을 때는 이미 스무 곳이나 부상을 입은 후였다. 한무제는 부상을 입은 조충국을 보고 크게 놀라며 그를 중랑中郎에 봉했고, 얼마 지나지 않아 장사長史에 봉했다.

기원전 74년, 흉노족은 10만 대군을 모아 중원 지역에 대한 재공격을 준비했다. 흉노족 한 명이 이 소식을 한나라 조정에 알렸고, 조충국은 4만여 명의 방어 병력을 오원五原, 대중台中 등에 배치했다. 흉노족은 한나라 군대가 이미 방어진을 친 것을 알고는 스스로 물러갔다.

기원전 62년, 강족羌族을 비롯한 수백 개의 부락은 연합하여 중원을 공격할 준비를 했다. 선제宣帝는 조충국을 불러 대비책을 논의했다.

조충국은 상황을 다음과 같이 분석했다.

"지난날 우리가 강족의 군사를 쉽게 이길 수 있었던 이유는 그들이 단합하지 못했기 때문이옵니다. 그렇기 때문에 우리는 우선 그들이 합심하는 것을 막아야 하옵니다."

그후 승상丞相과 태위太尉는 의거안국義渠安國을 파견해 강족을 공격하게 했다. 의거안국은 단번에 30여 명의 부락 수령들의 목을 잘라 강족을 공포에 떨게 했다. 이에 강족은 내부 갈등 해결을 잠시 접어두기로 하고, 연합하여 의거안국에 맞서 싸웠다. 결국 강족이 이겼고, 한나라 군대는 대량의 군마와 무기들을 잃고 거연居延으로 후퇴했다.

선제는 긴장감이 감돌고 있는 변경의 국세 때문에 내심 불안했다. 어사대부 병길丙吉이 선제의 명을 받들어 조충국에게 변방을 지킬 장수를 추천하게 했다. 그때 이미 76세였던 조충국은 "강족의 침입을 막는 데는 소신이 제일 합당하옵니다."라고 말했다.

선제가 사람을 파견해 조충국에게 물었다.

"오늘날의 정세가 어떠하다고 생각하오? 내가 얼마만큼의 병력을 파견해야 할 것 같소?"

"'백문이 불여일견'이라는 말이 있습니다. 다른 사람을 통해 듣는 것보다 직접 눈으로 확인하는 것이 나을 것이옵니다. 전쟁은 전쟁터와 멀리 떨어진 곳에서 예측할 수 있는 일이 아니옵니다. 제가 직접 전선에서 싸우며 상응한 대책을 세우고 합당한 작전 방안을 내놓을 것이오니 너무 심려하지 마시옵소서."

조충국은 군사들을 이끌고 금성金城에 도착해 강을 건너려 했다. 행여 강을 건너다가 적들의 습격이라도 당할까 두려워 어둠이 깃들기를 기다려 우선 3명을 파견해보고 나서 군사들을 차례대로 이동시켰다.

어느덧 날이 밝았다. 한나라 군대가 병영에 도착한 지 얼마 지나지 않아 강족의 군대가 쳐들어왔다.

조충국은 "일시적인 승리를 탐해서는 안 된다. 아직은 적의 상황에 대해 아는 것이 없으니 조금 기다려보자."라고 말하며 공세를 취하려는 한나라 군사들을 제지시켰다.

그런 다음, 사람을 파견해 적의 상황을 살피게 했다. 몇 차례의 공격이 뜻대로 이루어지지 못해 강족 군대의 군기가 해이해진 틈을 타 조충국은 반격을 가했고, 결국 대승을 거두었다.

조충국은 군사 정보를 매우 중요시하며 자신이 없는 싸움은 시작하는 법이 없었으며, 조심성이 있고 군사들을 아꼈기 때문에 그들의 존경을 받았다.

'백문불여일견百聞不如一見'이라는 고사성어는 바로 이 이야기에서 유래했으며, '백 번 듣는 것보다 한 번 보는 것이 낫다.'라는 뜻이다.

백발백중 百發百中

글자 풀이

일백 백百, bǎi, 쏠 발發, fā, 일 백百, bǎi, 가운데 중中, zhòng

뜻 풀이

'백 번 쏘아 백 번 맞힌다.'라는 뜻으로, '빈틈이 없다.', '하는 일이 딱 들어 맞다.'를 비유한 말이다.

유래

춘추시대 초나라에 '양유기養有基'라는 유명한 궁수가 있었는데, 궁술이 매우 뛰어나 그에게 필적할 만한 사람이 없었다. 어느 해 초나라의 투월초鬪越椒가 반란을 일으키자, 초나라 왕은 반란을 진압하기 위해 양유기를 파견했다. 두 사람은 강을 사이에 두고 각각 3대의 화살을 쏘아 겨루기로 약속했다.

궁술에 자부심을 갖고 있었던 투월초가 먼저 나섰다. 그가 활시위를 힘껏 당겨 화살을 날려 보냈다. 투월초가 쏜 첫 번째 화살은 물속에 떨어졌고, 두 번째와 세 번째 화살은 양유기의 머리 위로 지나갔다.

양유기는 곧바로 화살을 날렸고, 투월초는 그 화살을 맞고 쓰러졌다. 그 후 양유기는 '사람을 죽이는 데 있어 화살이 하나 이상 필요하지 않은 신궁'이라는 뜻인 '양일전養一箭'이라는 별명을 갖게 되었다.

몇 년 후 정鄭나라가 진晉나라의 공격을 받자, 초나라의 공왕은 군사를 거느리고 정나라의 구원에 나섰다. 양유기도 초나라 공왕을 보필하기 위해 함께 떠났다.

전투에서 진나라 대장 여주呂錡가 초나라 공왕에게 화살을 쏘자, 화살은 무서운 속도로 날아와 초나라 공왕의 왼쪽 눈에 명중했다. 초나라 공왕은 눈에 박힌 화살을 뽑아 던지고, 신음소리를 내며 양유기를 불렀다. 그는 양유기에게 화살을 건네주면서 복수해줄 것을 부탁했다. 양유기는 화살을 들고 여주를 향해 소리쳤다.

"감히 우리 주군에게 화살을 날리다니······. 살아 돌아가지 못할 줄 알거라!"

이번에는 양유기가 여주를 향해 활시위를 힘껏 당겼다. 화살은 정확하게 여주의 목덜미에 꽂혔다. 그 후로 양유기의 뛰어난 궁술은 더욱 유명해졌다.

『사기 · 주본기史記 · 周本記』에는 양유기에 관한 또 다른 이야기가 수록되어 있다. 양유기는 사람들이 많이 모인 곳에서 궁술을 자랑하기를 즐겼다. 그가 백 보百步 밖에서 화살로 버들잎을 쏘아 맞힐 때마다 사람들은 칭찬을 아끼지 않았다. 한번은 한 노인이 양유기에게 다가오더니 다음과 같이 말했다.

"자네의 궁술이 뛰어나더라도 나에게 배워야 할 점이 있다고 보네."

"제가 배워야 할 것이 무엇입니까?"

노인이 대답했다.

"자네가 100보 밖에서 버들잎을 뚫는 것을 보니 명궁 중의 명궁일세. 그렇지만 사람이 나이가 들면 힘이 부치게 되고, 그렇게 되면 실수를 하게 마련이지. 그리되면 지금까지 쌓아온 '백발백중'이라는 명성을 잃을 수도 있지 않겠는가? 진정한 명궁이 되고 싶거든, 적당한 때에 한 발 물러설 줄도 알아야 하네."

'백발백중百發百中'이라는 고사성어는 바로 이 이야기에서 유래했다. 이는 '백 번 쏘아 백 번 맞는다.'라는 뜻으로, '빈틈이 없고 계획이 예정대로 들어맞음.'을 비유한 말이다.

039

복수난수 覆水難收

글자 풀이

넘어질 복覆, fù, 물 수水, shuǐ, 어려울 난難, nán, 거둘 수收, shōu

뜻 풀이

'엎지른 물은 다시 담을 수 없다.'라는 뜻으로, '한 번 저지른 실수는 만회하기 어려움.'을 비유한 말이다.

유래

강태공姜太公의 본명은 강상姜尙이며, 여상呂尙이라고도 불렸다. 강태공은 재능이 뛰어나고 병법에도 능통했지만 조가朝歌에서 백정으로 일하거나 맹진孟津에서 밥 장사를 하면서 반평생을 가난하게 살았다.

고생을 견디다 못한 아내 마씨馬氏는 강태공의 곁을 떠났고, 강태공은 아내가 떠난 후에도 강변에 초막을 지어놓고 낚시로 생계를 유지하면서 하루하루를 보냈다. 그가 머물고 있었던 위수 일대는 다른 민족들이 살고 있던 지역으로 주나라 문왕의 관할 지역이였다. 강태공은 이곳에서 문왕을 만나 자신의 재능을 보여줄 기회가 오기만을 기다렸다.

그렇게 몇 년이 흘렀다. 강태공은 결국 위수에서 사냥을 즐기던 주나라 문왕을 만나게 되었다. 주나라 문왕이 강태공과 몇 마디를 나누다 보니 그의 학식이 보통이 아님을 알고 강태공에게 정중히 청했다.

"저의 부친께서는 장차 유능한 귀인이 나타나 도울 것이며, 그로 인해 우리가 흥할 것이라고 말씀하셨습니다. 제가 보기에는 당신이야말로 그 유능한 인재임이 틀림없습니다."

그때 강태공은 이미 백발이 성성한 80세의 노인이 되어 있었다.

주문왕은 그를 국사國師로 삼고, 상부上父라고 부르며 존대했다.

강태공은 훗날 주나라 무왕을 도와 상나라를 멸망시키고 주나라를 세우는 데 큰 공을 세웠으며, 주나라 무왕은 강태공을 제왕에 봉했다.

강태공이 숱한 호위병들을 거느리고 위풍당당하게 제齊나라로 들어가고 있을 때였다. 어디선가 한 여인이 나타나더니 길바닥에 꿇어앉아 행차를 막았다.

그 여인은 다름 아닌 전 부인 마씨였다.

마씨는 길바닥에 머리를 조아리며 옛날 정을 생각하여 다시 부부의 연을 맺고 아내로서 강태공을 섬기겠다고 애원했다.

강태공은 마씨에게 그릇에 물을 떠오게 했다. 마씨가 물을 떠오자 강태공은 사람을 시켜 그 물을 길바닥에 쏟아 버렸다. 그러고는 마씨에게 쏟은 물을 다시 그릇에 담아보라고 했다. 마씨가 무슨 영문인지 몰라 어리둥절해하자 강태공이 나지막한 목소리로 말했다.

"그대와 나 사이는 바로 이 엎질러진 물과 같은 것이오. 한 번 쏟아진 물은 다시 담을 수 없는 일 아니겠소?^{복수난수}"

'복수난수覆水難收'라는 고사성어는 바로 이 이야기에서 유래했다. 이는 '엎지른 물은 다시 담을 수 없다.'라는 뜻으로, '한 번 저지른 실수는 만회하기 어려움.'을 비유한 말이다.

봉공수법奉公守法

글자 풀이

받들 봉奉, fèng, 공변될 공公, gōng, 지킬 수守, shǒu, 법 법法, fǎ

뜻 풀이

'나라를 위해 법을 지킨다.'라는 뜻이다.

유래

趙조나라 충신 조사趙奢는 지혜가 뛰어나고 용병술에 능했으며 강대국이었던 진나라와의 전쟁을 승리로 이끌면서 천하에 명성을 떨쳤다.

조사는 이름이 알려지기 전, 농지의 조세를 관리하던 평범한 말단 관리에 불과했다. 그는 세금을 징수할 때 신분과 벼슬의 높고 낮음을 따지지 않고, 법령에 따라 공정하게 처리했다.

한번은 조사가 평원군平原君 조승趙勝의 집에 갔는데, 하인들이 평원군의 세도를 믿고 거만한 태도로 납세를 거부했다.

"세금을 기한 내에 바치지 않으면 조세법에 따라 엄하게 처벌될 것이다."

조사의 말이 채 끝나기도 전에 하인들이 달려들어 그를 때린 후 문밖으로 쫓아냈다.

억울하게 매를 맞고 돌아온 조사는 평원군 조승의 가신들을 붙잡아 사형에 처했다.

한낱 말단 관리에게 망신을 당했다고 생각한 평원군 조승은 조사를 파직시키는 것은 물론 죄를 물어 참수한다고 선포했다.

사람들은 조사에게 평원군 조승의 손에 죽기 전에 하루빨리 조나라를 떠날 것을 권유했다. 그러나 조사는 이를 거절했다.

"나는 아무런 잘못도 없소. 법을 집행했을 뿐인데 어찌 도망친단 말이오."

조사는 평원군 조승을 만나 물었다.

"문무백관을 통솔해야 하는 중책을 맡고 계신 상국相國께서 문제를 일으킨 하인들에게 물어야 할 죄를 도리어 소신에게 물으셨지요. 이는 나라의 법령을 어긴 것입니다. 만약 조정의 관리들이 상국처럼 나라의 법을 무시한다면 어찌 되겠습니까? 백성들은 불만이 커지고, 나라가 쇠약해질 것이며, 제후들의 공격으로 인해 조나라는 멸망하고 말 것입니다. 그때가 되면 귀공자의 신분이 무슨 소용이 있으며, 상국의 명성을 어찌 논한단 말씀이십니까?"

평원군 조승은 조사가 매우 현명하다고 판단했지만 상국으로서의 체면 때문에 동문서답하는 수밖에 없었다.

"자네는 그 조급함이 문제야. 사람이 어찌 그리도 융통성이 없단 말인가?"

그럼에도 조사는 꿋꿋하게 소신을 밝혔다.

"높으신 상국을 제가 어찌 가벼이 대하겠습니까? 다만, 상국은 존 귀한 신분이니 솔선수범하여 봉공하고 나라의 법령과 제도를 지키 신다면봉공수법 상하 질서가 있고, 조정 안팎이 태평하여 나라가 더욱 부강해지고 조씨 가문도 더욱 굳건하리라는 생각에서 비롯된 것입 니다. 부디 소신의 뜻을 헤아려주십시오."

그 일로 조사의 공정함에 탄복한 평원군은 조사를 조왕에게 천거 했고, 조왕은 조사에게 나라의 세금을 관리하는 요직을 맡겼다.

'봉공수법奉公守法'이라는 고사성어는 바로 이 이야기에서 유래했 으며, '나라를 위해 법을 지킨다.'라는 뜻이다.

041

부지소조 不知所措

글자 풀이

아닐 부不, bù, 알 지知, zhī, 바 소所, suǒ, 놓을 조措, cuò

뜻 풀이

'어찌할 바를 모르다.', '갈팡질팡하다.'라는 뜻이다.

유래

제갈량諸葛亮의 형 제갈근諸葛瑾은 얼굴이 유난히 긴 탓에 사람들의 놀림을 많이 받았다. 제갈근이 손권의 부하로 있을 때였다. 어느 날 연회에서 술을 많이 마신 손권이 사람을 시켜 당나귀 한 마리를 연회석에 끌고 오게 하더니, 당나귀의 목에 '제갈자유諸葛子瑜'라고 썼다. 제갈근의 얼굴이 유난히 긴 것을 빗대어 장난삼아 쓴 것이었다. 연회석에 있던 중신들이 이를 보고 폭소를 터뜨리자, 제갈근은 부끄러워 귀 밑까지 붉어졌다.

이때 마침 그 자리에는 제갈근의 아들 제갈각諸葛恪이 있었다. 부

친의 뒤에 서서 이 광경을 지켜보던 어린 제갈각이 당나귀에게로 다가가더니 '지려之驢'라는 두 글자를 덧붙여 적었다. 이는 '제갈근의 당나귀'라는 뜻이었다. 중신들은 어찌할 바를 몰라 했으며부지소조 어린 제갈각의 재치에 혀를 내둘렀다. 손권은 감탄하며 당나귀를 제갈각에게 하사했다.

제갈근 부자는 당나귀를 끌고 흥겹게 집으로 돌아왔다.

성인이 된 후 제갈각은 기도위騎都尉에 임명되었으며, 훗날 대장군이 되어 손수 동오의 군사를 이끌고 나가 위나라 군대를 격파했다.

'부지소조不知所措'라는 고사성어는 바로 이 이야기에서 유래했으며, '어찌할 바를 모르다.'라는 뜻이다.

042

부형청죄負荊請罪

글자 풀이

질 부負, fù, 가시나무 형荊, jīng, 청할 청請, qǐng, 허물 죄罪, zuì

뜻 풀이

'가시나무를 지고 가서 죗값 치르기를 자청한다.'라는 뜻으로, '자신의 잘못을 인정하고 처벌해줄 것을 요구함.'을 비유한 말이다.

유래

전국시대 조趙나라의 혜문왕惠文王에게는 '인상여藺相如'와 '염파廉頗'라는 두 충신이 있었다. 인상여는 원래 '무현繆賢'이라는 사람의 가신家臣으로 있다가 진나라에서 조나라의 국보인 '화씨벽'을 빼앗으려 할 때 크게 공을 세움으로써 혜문왕의 두터운 신임을 받았다.

한번은 진나라 왕이 많은 사람들 앞에서 조나라 왕을 망신시키려고 할 때 인상여가 남다른 언변으로 진나라 왕을 골려주어 진땀을 흘리게 했다. 이처럼 인상여가 연이어 공을 세우자 조나라 왕은 마침

내 그를 국상으로 삼고, 상경의 지위를 내려주었다. 그리하여 상여의 벼슬이 대장군 염파보다 높아지게 되었다.

화가 난 염파는 "대장군의 지위는 싸움터에서 목숨으로 바꾸어 얻은 것이지, 결코 아무개처럼 입을 놀려서 얻은 것이 아니다."라고 하면서 인상여를 만나면 한번 톡톡히 골려주려고 벼르고 있었다.

이를 눈치챈 인상여는 염파를 피해 다니기 시작했다. 사람들은 인상여를 겁쟁이라고 했고, 염파는 몹시 득의양양해했다.

이에 인상여가 말했다.

"진나라 왕의 위세도 두려워하지 않는 내가 어찌 염파 장군을 두려워하랴. 오늘날 진나라가 조나라에 감히 맞서지 못하는 것은 바로 나와 염파 장군이 버티고 있기 때문이다. 만약 나와 염파 장군이 반목하고 서로 공격한다면 이것이야말로 진나라가 바라는 바일 것이다. 내가 염파 장군을 피해 다니는 것은 바로 국익을 중히 여겨 사사로운 원한과 체면을 제쳐 놓은 것일 뿐이다."

며칠 후 염파 장군은 인상여의 참뜻을 알고, 직접 가시나무 회초리를 등에 지고 인상여를 찾아가 자신을 회초리로 때려달라고 애원했다. 이 일을 계기로 두 사람은 생사지교를 맺게 되었다.

'부형청죄負荊請罪'라는 고사성어는 바로 이 이야기에서 유래했다. 이는 '가시나무 회초리를 지고 가서 죗값 치르기를 자청한다.'라는 뜻으로, '자기의 잘못을 인정하고 처벌해줄 것을 자청함.'을 비유한 말이다.

043

불가구약不可救藥

글자 풀이

아닐 불不, bù, 옳을 가可, kě, 구원할 구救, jiù, 약 약藥, yào

뜻 풀이

'약으로 환자를 고칠 수 없다.'라는 뜻으로, '나쁜 습관을 고치기 어렵거나 처음 상태로 되돌리기 어려운 경우'를 비유한 말이다.

유래

주나라를 통치한 34명의 황제 중에서 가장 우매하고 무능하기로 손꼽히는 두 명의 황제는 바로 '유왕幽王'과 '여왕厲王'이다.

유왕은 자신이 총애하는 후궁이 웃는 모습을 보기 위해 봉화대에 불을 지피는 일까지 서슴지 않았다. 봉화대에서 연기가 솟는 것을 본 제후들이 앞다투어 군사를 이끌고 구원하러 왔지만 유왕의 장난임을 알고 돌아갔다. 그것을 본 유왕과 후궁은 웃음을 참지 못했다.

얼마 후 실제로 다른 나라의 침입을 받고, 급히 봉화대에 불을 지

폈지만 유왕의 장난일 것이라고 판단한 제후들이 달려와 주지 않아 결국 주나라의 도읍이 함락되고 말았다.

한편, 여왕厲王은 방탕하고 사치스러운 폭군이었다. 날마다 백성들의 원성이 끊이질 않았고, 조정의 대신들도 불만이 가득했다.

한 대신이 여왕에게 국사를 잘 다스리고, 백성들을 귀히 여길 것을 수차례 충고했지만 여왕은 이를 받아들이지 않았다. 그뿐만 아니라 사람을 시켜 문무백관들의 대화를 엿듣고, 자신의 험담을 하는 자들을 모두 사형에 처했다. 그 이후 사람들은 여왕에 대한 말을 함부로 입 밖에 꺼내지 못했다. 심지어는 길에서 아는 사람과 마주쳐도 인사조차 건네지 못할 지경에 이르렀다.

상황이 악화되는 것이 두려웠던 충신들이 여왕에게 말을 하지 못하게 하는 것은 물이 흐르지 못하게 하는 것과 같다며 하루빨리 그만두어야 한다고 간청했지만 여왕은 더욱 난폭한 행동으로 백성들을 괴롭혔다.

"백성은 나라의 근본이며, 군주의 근본입니다."

경사卿士 범백凡伯이 여왕에게 아뢰었다. 범백의 이 말은 간신들의 비웃음을 샀다.

범백은 군주의 잔혹한 정치를 비판한 언행이 웃음거리가 되는 현실을 개탄하며 시 한 수를 지었다.

"하늘이 이렇게 가혹한데, 그렇게 놀리지 마소. 노인은 정성을 다하는데 젊은 사람이 교만하고, 내가 망령부린 말도 하지 않았는데 장난삼아 놀리는구려. 장차 많은 악행을 일삼으면 치료할 약도 없다오_{불가구약}."

얼마 지나지 않아 여왕은 백성들에 의해 추방되고 말았다.

'불가구약_{不可救藥}'이라는 고사성어는 바로 이 이야기에서 유래했으며, '나쁜 습관을 고치기 어렵거나 처음 상태로 되돌리기 어려운 경우'를 비유한 말이다.

044

사공견관司空見慣

글자 풀이

맡을 사司, sī, 빌 공空, kōng, 볼 견見, jiàn, 익숙할 관慣, guàn

뜻 풀이

사공司空은 당나라의 벼슬 이름으로, 청나라의 상서尚書와 같다. '사공이야 흔히 보아 심드렁하다.'라는 뜻으로, '자주 보아 신기하지 않다.', '습관이 되어 대수롭지 않다.', '몹시 평범함.'을 비유한 말이다.

유래

당나라 때 시와 문장이 뛰어나 진사進士로 뽑힌 '유우석劉禹錫'이라는 사람이 있었는데, 그는 권세를 과시하지 않고 이해득실을 따지지 않았으며 나라와 백성을 위해 최선을 다하여 '군자의 충신', '나라의 동량'이라 불렸다. 유우석은 왕숙문王淑文 등과 함께 정치 개혁을 시도했지만 그의 뛰어난 통솔력과 걸출한 문학적 재능을 시기하는 권력자들의 끊임없는 공격으로 번번이 실패했다. 그 후 유우석은 소주

蘇州의 지방 관리인 자사刺史로 좌천되었다.

그곳에서 유우석은 중앙 관료인 사공司空을 지냈던 이신李紳을 만나는데, 이신 역시 시가 창작과 정치 분야에서 훌륭한 업적을 남긴 인물이었다. 그는 당나라 무종武宗 때 재상을 맡아 국정 운영에 큰 공을 세우기도 했지만 다른 세력들의 배척으로 얼마 지나지 않아 유명무실한 사공이 되고 말았다. 정치에서 뜻을 이루지 못한 이신은 공허함을 달래기 위해 매일 술과 여자에 파묻혀 방탕한 생활을 계속했다.

어느 날 이신은 유우석을 집으로 초대하여 연회를 열었다. 두 사람은 술을 따르고 요리를 즐기며 과거 일들을 회상하고, 나라의 대사를 함께 논했다. 흥미를 돋우기 위하여 이신은 기생들을 불러 함께 노래하고 춤을 추기 시작했다. 술이 적당히 들어가자 시흥이 돋은 유우석은 한 수의 칠언절구七言絶句를 남겼다.

高鬢雲鬢新樣粧고빈운빈신양장
春風一曲杜韋娘춘풍일곡두위낭
司空見慣渾閑事사공견관혼한사
斷盡蘇州刺史腸단진소주자사장

높은 상투 구름머리 궁녀처럼 예쁘구나.
봄바람 한 자락에 어여쁜 두위낭일세.
사공이야 흔히 보아 심드렁한 일이지만
소주 자사刺史 무진 애를 태우는구나.

'사공견관司空見慣'이라는 고사성어는 바로 이 이야기에서 유래했으며, '자주 보아 신기하지 않음.'을 비유한 말이다.

045

사면초가 四面楚歌

글자 풀이

넉 사四, sì, 낯 면面, miàn, 가시나무 초楚, chǔ, 노래 가歌, gē

뜻 풀이

'사방에서 들려오는 초나라 노래'라는 뜻으로, '빈틈없이 적에게 포위된 고립무원의 상태', '주위에 반대 자 또는 적이 많아 고립되어 있는 처지', '사방으로부터 비난받음.'을 비유한 말이다.

유래

진나라를 무너뜨린 서초패왕 항우와 한왕 유방은 홍구鴻溝, 오늘날의 하남성 가로하를 경계로 천하를 양분하고, 4년간에 걸친 패권 다툼을 중지했다.

군대의 힘과 사기에만 의존하다가 범증範增과 같은 훌륭한 모사를 잃고, 세력 싸움에서도 밀리기 시작한 항우의 휴전 제의를 유방이 받아들인 것이다.

항우는 곧 초나라의 도읍인 팽성을 향해 철군 길에 올랐지만 서쪽의 한중으로 철수하려던 유방은 참모인 장량과 진평의 진언에 따라 말머리를 돌려 항우를 추격했다.

이윽고 해하에서 한신이 지휘하는 한나라 대군에 겹겹이 포위된 초나라 진영은 군사의 수가 크게 줄어들고, 군량마저 떨어져 사기가 말이 아니었다.

어느 날 한밤중에 사방에서 초나라 노래가 들려왔다四面楚歌. 초나라 군사들은 그리운 고향 노래 소리를 듣고, 눈물을 흘리며 앞다투어 도망쳤다. 항복한 초나라 군사들로 하여금 고향 노래를 부르게 한 장량의 작전이 맞아떨어진 것이다. 항우가 깜짝 놀라 말했다.

"아니, 한나라가 벌써 초나라를 모두 차지했단 말인가? 어찌 저토록 초나라 사람들이 많은고?"

이미 대세가 기울었다고 생각한 항우는 마지막 연회를 베풀었다. 항우에게는 '우미인'이라는 애첩 우희虞姬가 있었는데, 항우는 우희가 애처로워 시를 지어 읊었다.

힘은 산을 뽑고 의기는 세상을 덮건만
때는 불리하고 추는 가지 않누나.
추가 가지 않으니 어찌하면 좋을꼬.
우희야, 우희야 그대를 어찌할거나.

항우의 뺨에는 어느덧 굵은 눈물방울이 흘러내렸다. 배석한 장수들이 오열하는 가운데, 우희는 항우의 보검을 뽑아 자결하고 말았다.

그날 밤 불과 800여 명의 기병을 이끌고 겹겹이 쌓인 포위망을 뚫은 항우는 이튿날 혼자 적진으로 뛰어들어 수백 명의 목을 벤 후 당초 군사를 일으켰던 땅인 강동으로 갈 수 있는 오강까지 달려갔다.

그러나 항우는 8,000여 명의 강동 자제들을 모두 잃고 혼자 고향으로 돌아가는 것이 부끄러워 자결하고 말았다. 그때 그의 나이는 겨우 31세였다.

'사면초가四面楚歌'라는 고사성어는 바로 이 이야기에서 유래했으며, 고립무원의 처지를 비유한 말이다.

삼고모려三顧茅廬

글자 풀이

석 삼三, sān, 돌아볼 고顧, gù, 띠 모茅, máo, 오두막집 려廬, lú

뜻 풀이

'세 번이나 초가집을 방문하다.'라는 뜻으로, '성심으로 찾아가 모시다.', '간절히 거듭 요청하다.'를 비유한 말이다.

유래

동한东汉 말의 제후들은 패권을 장악하기 위해 앞다투어 반란을 일으켰다. 유비劉備는 서서徐庶의 도움을 받아 몇 번이나 조조曹操의 군대와 대적했지만 번번이 패하고 말았다. 조조 역시 유비를 없애고자 서서의 모친을 볼모로 삼아 서서를 귀순시키려 했다. 노모 걱정으로 밤잠을 설치던 서서는 어쩔 수 없이 유비 곁을 떠나 조조의 진영으로 향했다. 서서는 떠나면서 유비에게 제갈량諸葛亮을 천거했다.

유비가 제갈량의 재능이 서서와 비교하여 얼마나 뛰어난지를 묻

자 서서가 대답했다.

"제가 반딧불이라면 공명 선생은 하늘의 태양과도 같습니다. 그 분의 도움을 받는다면 천하통일을 이룰 수 있을 것입니다."

유비는 즉시 관우關羽와 장비張飛를 데리고 제갈량이 사는 남양南陽으로 향했다. 남양에 도착했을 때 제갈량은 집을 비우고 없었다. 세 사람은 어쩔 수 없이 되돌아왔다.

얼마 지나지 않아 제갈량이 남양에 도착했다는 소식을 듣고, 다시 먼 길을 달려 남양에 도착했지만 또 한 번 허탕을 치고 말았다. 그러나 유비는 포기하지 않았다.

세 번째로 제갈량이 살고 있는 초가집을 방문했을 때, 마침 낮잠을 자고 있는 제갈량을 보고 유비는 조용히 밖에서 기다렸다.

얼마 후 잠에서 깨어난 제갈량이 유비 삼형제를 집안으로 불러들였다. 유비는 천하통일의 뜻을 제갈량에게 전했고, 제갈량은 고개를 끄덕이며 말했다.

"조조는 계략과 용병술이 뛰어난데다가 휘하에 많은 훌륭한 장수들을 두고 있습니다. 장군께서는 아직 조조와 겨룰 힘이 없습니다. 동오東吳의 손권孫權은 3대에 걸쳐 강남을 제패했으니 장군께서는 그 탄탄한 기반을 무너뜨릴 자신도 없을 것입니다. 그러니 유 장군은 우선 형주荊州를 공격한 후 사천四川을 점령하고, 다시 사천을 기반으로 섬서陝西를 공격하고, 형주에서 낙양洛陽을 공격한다면 백성들이 장군을 받아들일 것입니다."

유비는 제갈량의 예리한 분석에 탄복했다. 유비의 삼고모려에 감동한 제갈량도 흔쾌히 유비 삼형제를 돕겠다고 나섰다.

'삼고모려三顧茅廬'라는 고사성어는 바로 이 이야기에서 유래했다. 이는 '세 번이나 초가집을 방문하다.'라는 뜻으로, '성심으로 찾아가 모심.' 또는 '간절히 거듭 요청함.'을 비유한 말이다.

047

상가지구 喪家之狗

글자 풀이

잃을 상喪, sàng, 집 가家, jiā, 갈 지之, zhī, 개 구狗, gǒu

뜻 풀이

'상갓집의 개'라는 뜻으로, '의탁할 곳이 없어 여기저기 떠돌아다니는 사람 또는 그러한 신세'를 비유한 말이다.

유래

춘추전국시대 말 노魯나라 정공定公 때 대사구大司寇를 맡았던 공자는 왕족 삼환三桓에게 배척당해 노나라를 떠나게 되었다. 공자는 그 후 10여 년간 여러 제후국을 주유周遊하면서 자신의 정치 이념을 펼쳤지만 쉽게 받아들여지지 않았다.

공자가 위나라에 도착했을 때였다. 천하에 명성이 자자한 공자를 옆에 두고 싶었던 위나라 영공靈公이 공자에게 물었다.

"선생께서는 노나라에서 녹봉을 얼마나 받으셨습니까?"

"노나라에서는 곡식 6만 섬오늘날의 약 2,000섬에 해당을 받았습니다."

공자가 대답하자 영공이 공자에게 곡식 6만 섬을 주었다.

그러나 위나라 대신들의 질투와 위협을 견디다 못한 공자는 10개월 만에 위나라를 떠났다.

한번은 공자가 진나라로 향하던 중 송나라의 '광匡, 오늘날의 하남성 장원현 지역'이라는 곳을 지나게 되었다. 광은 일찍 노나라 귀족 계씨季氏의 가신家臣이었던 양호陽虎가 주군을 배신하고 3년 동안 국정을 좌지우지하면서 사람들을 잔인하게 살해했던 곳이다.

말을 몰고 가던 한 제자가 가던 길을 멈추고 채찍으로 성벽을 가리키며 다음과 같이 말했다.

"제가 지난번에 왔을 때는 바로 저기 무너진 곳을 통과하여 성으로 들어갔습니다."

때마침 그곳을 지나가던 광의 주민이 공자를 양호로 착각하여 관에 신고하자, 공자는 구금되었고 제자들도 뿔뿔이 흩어지게 되었다. 공자가 갇힌 지 닷새째가 되어서야 수제자인 안회顔回가 나타났다. 안회를 본 공자가 반가운 나머지 소리쳤다.

"오, 살아 있었구나! 무척 걱정했단다."

공자는 걱정하는 제자에게 다음과 같이 말했다.

"내가 살아 있는 것은 내 손으로 주나라의 문화를 이어가라는 하늘의 뜻일 것이다. 하늘의 뜻이 있는 한 광 사람들이 나를 어찌할 수 있겠느냐?"

얼마 후 전후 사정을 알게 된 현지 사람들이 공자를 풀어주었다.

공자와 제자들이 정鄭나라에 도착했을 때였다. 공자는 또 한 번 제자들과 서로 엇갈리면서 도성문 밖에 홀로 서 있게 되었다. 정나라 사람이 공자의 제자 자공에게 다음과 같이 말했다.

"성문 밖에 누군가 서 있는데 이마가 요堯 임금과 같고, 목은 순·우 임금 때의 명재상 고요皐陶와 같으며, 어깨는 자산子産, 춘추시대 정나라 정치가과 같았소. 그러나 허리 밑으로는 우 임금보다 세 치나 짧았고, 그 초췌한 모습은 마치 상갓집 개와 같았소."

자공은 그 사람이 바로 스승임을 알아차리고, 다른 제자들과 함께 공자가 있는 곳으로 달려갔다. 자신이 들은 이야기를 공자에게 들려주니 공자는 웃으면서 말했다.

"외모는 그런 훌륭한 사람들에게 미치지 못하지만 상가지구喪家之狗와 같다는 말은 맞는 말이구나."

'상가지구'는 초상집에서 주인이 돌보지 않아 수척해진 개를 말한다. 오랫동안 천하를 주유하면서 정치적으로 실의에 빠졌던 공자의 모습은 말 그대로 볼품없고 처량했을 것이다. 이 모습을 본 사람이 공자를 상가지구에 비유한 것이다.

'상가지구喪家之狗'라는 고사성어는 바로 이 이야기에서 유래했다. 이는 '사방으로 떠돌며 의지할 곳 없는 사람 또는 그러한 신세' 또는 '매우 상심하고 낙심하는 사람의 모양'을 비유한 말이다.

048

상행하효 上行下效

글자 풀이

위 상上, shàng, 갈 행行, xíng, 아래 하下, xià, 본받을 효效, xiào

뜻 풀이

'윗사람이 모범을 보이면 아랫사람이 본받는다.', '윗물이 맑아야
아랫물이 맑다.'를 비유한 말이다.

유래

춘추오패春秋五霸 중 한 사람인 제환공齊桓公은 평소 보라색 옷을 즐겨
입었다. 이에 조정 대신들은 물론 일반 백성들까지도 보라색 옷을
입기 시작했다. 제나라 도읍은 순식간에 보라색 천지가 되었고, 보
라색 옷감의 가격이 껑충 뛰어 보라색 비단 한 필의 가격이 흰색 비
단 다섯 필의 가격과 맞먹는 지경에까지 이르렀다.

이에 골머리를 앓던 제환공이 대신 관중管仲을 불러 말했다.

"보라색 비단 가격이 천정부지로 뛰어 이대로 보고만 있을 수 없

네. 가격을 원래대로 돌려놓을 수 있는 방도를 찾아보게.”

그러자 관중이 입을 열었다.

“아뢰옵건대, 이는 어려운 일이 아닙니다. 주군께서 먼저 보라색 옷을 멀리하고 보라색 옷을 입은 사람들을 멀리하옵소서.”

다음 날 조회에 참석한 조정의 문무백관들은 여느 때와 마찬가지로 제환공이 좋아하는 보라색 옷을 입고 나타났다.

이때 제환공이 갑자기 손으로 코를 막더니 “보라색 옷에서 이상한 냄새가 나는 것 같구나. 가까이 오지 말라.” 하며 손사래를 쳤다.

조정은 갑자기 술렁이기 시작했다. 어리둥절해진 대신들은 저마다 입고 있던 옷에 코를 갖다 대고 냄새를 맡아보았다.

그날로 대신들은 모두 입고 있던 보라색 의상을 벗고 전에 입었던 옷들을 도로 꺼내 입었다. 그 후로 백성들도 더는 보라색 옷을 찾지 않았고, 한 달도 채 되지 않아 제나라의 도읍에서는 보라색 옷을 입고 다니는 사람들을 볼 수 없게 되었다. 옷감과 물감 가격도 다시 안정되었다.

이 이야기는 『한비자·외저설좌상韓非子·外儲說左上』에 수록되어 있다. '상행하효上行下效'라는 고사성어는 바로 이 이야기에서 유래했으며, '윗물이 맑아야 아랫물이 맑음.'을 비유한 말이다.

049

세여파죽 勢如破竹

글자 풀이

세력 세勢, shì, 같을 여如, rú, 깨질 파破, pò, 대 죽竹, zhú

뜻 풀이

'기세가 마치 대나무를 쪼개는 것과 같다.'라는 뜻으로, '기세가 대단하여 감히 대항할 만한 적이 없음.'을 비유한 말이다.

유래

두예杜預는 서진西晉 때의 정치가이자 군사가이며 유명한 학자다. 사람들은 박학다식하고 백성을 위하는 마음이 깊은 두예를 다양한 무기가 갖춰진 무기고에 비유하여 '두무고杜武庫'라고 불렀다. 그의 뛰어난 군사 지휘 능력은 진晉나라의 무제武帝를 설득하여 오나라를 정벌하고 천하통일을 이룬 데서 잘 나타난다.

초한이 멸망한 후 손孫씨 가문의 동오東吳 정권은 주로 강동江東 지역에 웅거해 있었다. 동오를 정벌하려는 야심에 가득 차 있던 진나라 무제는 양호羊祜를 양양襄陽을 지키는 도독형주제군사都督荊州諸軍事로 삼고, 둔전屯田을 실시하여 군량을 비축하면서 동오를 공격할 준비를 했다.

함녕咸寧 4년 양호가 중병에 걸리자, 두예를 자신의 후임으로 천거했고, 두예는 양호를 대신하여 동오 정벌의 중책을 맡게 되었다.

동오의 형세를 누구보다도 잘 알고 있었던 두예는 공격하기에 적절한 시기를 예측한 후 진무제에게 잇달아 두 번의 장계를 올려 동오 정벌을 촉구했다. 진무제가 쉽게 결단을 내리지 못하자, 두예가 거듭 간청했다.

"동오가 이미 우리의 계획을 눈치챈 것이 분명하오니 하루빨리 움직여야 합니다. 놈들의 기세가 드높아지면 그때 가서 후회한들 무슨 소용이 있겠습니까?"

무제가 두예의 충고를 받아들여 군사를 움직이자, 드디어 동오 정벌이 시작되었다.

진나라 20만 명의 대군은 두예의 전략에 따라 여섯 갈래로 나뉘어 동오를 진격했다. 두예가 이끄는 군대는 호북 강릉 일대를 함락했고, 장군 왕준王濬이 통솔하는 수군水軍은 익주에서 출발하여 강을 따라 남하, 동오의 수상방선을 무너뜨린 후 빠른 속도로 요충지인 무창을 점령했다. 진나라 군대는 전략적 요충지들을 공격하여 가는 곳마다 승리를 거두었다. 이때가 되니 동오를 거의 손에 넣은 것과 다름없었다.

이때 오나라 평정을 눈앞에 두고 누군가 제안을 했다.

"여름이 다가오고 있어 강물이 범람할 시기인데다가 역병이라도 돌면 위험하니 겨울까지 기다렸다가 다시 공격하는 것이 좋겠습니다."

그러자 두예가 말했다.

"그건 안 된다. 지금 우리 군사의 사기는 하늘을 찌르고 있어 이는 마치 예리한 칼날로 바짝 말라 버린 대나무를 단칼에 베어 버릴 기세이다세여파죽. 이 기세를 몰아 반드시 동오를 무너뜨려야 한다. 이제 두세 마디만 쪼개면 칼날을 대기만 해도 저절로 쪼개질 텐데, 여기에서 물러선다는 것은 말이 안 된다. 진격을 계속하라!"

다수의 장군들이 두예의 주장을 따랐다. 대강 원년大康元年 3월, 동오를 향한 마지막 진격이 시작됐다. 왕준은 수군 함대를 이끌고 익주에서 출발해 장강 하류로 내려와 공격하고, 두예 대군은 육지에서 진격했다. 거침없는 진나라의 공격에 더 이상 물러설 곳이 없게 된 동오군은 하는 수 없이 투항하고 말았다.

진나라 군대가 전쟁을 승리로 이끄는 데 고작 3개월이라는 시간이 걸렸으며, 이로써 반세기 동안 지속되던 삼국 정립의 시대가 종말을 고하고, 천하는 다시 하나로 통일되었다.

'세여파죽勢如破竹'이라는 고사성어는 바로 이 이야기에서 유래했으며, '파죽지세破竹之勢'라고도 한다. 이는 '기세가 마치 대나무를 쪼개는 것과 같다.'라는 뜻으로, '기세가 대단하여 감히 대항할 만한 적이 없음.'을 비유한 말이다.

050

순망치한 脣亡齒寒

글자 풀이

입술 순脣, chún, 잃을 망亡, wáng, 이 치齒, chǐ, 찰 한寒, hán

뜻 풀이

'입술을 잃으면 이가 시리다.'라는 뜻으로, '가까운 사이의 한쪽이 망亡하면, 다른 한쪽도 그 영향을 받아 온전하기 어려움.'을 비유한 말이다. 다시 말해 '서로 떨어질 수 없는 밀접한 관계'를 의미한다.

유래

춘추시대 말 진晉나라 헌공은 괵虢나라를 정복하고 싶었다. 그러나 괵나라로 가려면 반드시 우虞나라를 거쳐야만 했다. 고민을 하던 헌공에게 대부 순식荀息이 한 가지 묘책을 내놓았다.

"우나라 왕은 매우 탐욕스럽다고 알려져 있습니다. 폐하께서 아끼는 천리마와 귀한 옥을 그에게 선물한다면 틀림없이 기뻐하며 우리의 요구를 들어줄 것입니다."

그러나 헌공은 마음이 놓이지 않았다.

"이는 내가 가진 보물 중에서 가장 값진 것이다. 만약 우공이 선물을 받고도 길을 내주지 않는다면 그땐 어찌해야 하겠느냐?"

이에 순식은 헌공을 설득했다.

"그럴 리가요. 잠시 옥을 별채에 맡기고, 준마를 울타리 밖에 풀어놓았다고 생각하시면 됩니다. 괵나라를 손에 넣고 돌아오는 길에 우나라를 공격하여 옥과 천리마를 되찾으면 되지요."

순식의 말에 일리가 있다고 생각한 헌공은 곧바로 우왕에게 천리마와 옥을 선물했다. 과연 우왕은 기뻐하며 괵나라로 가는 길을 내어달라는 진나라의 제의를 흔쾌히 받아들였다.

이때 우나라 대부 궁지기宮之奇가 진나라의 속셈을 알아채고 우공에게 간언했다.

"강대국인 진나라가 아무런 이유 없이 이 귀한 것을 줄 리가 없습니다. 절대 경솔해서는 안 됩니다. 괵나라와 우나라는 한몸이나 다름 없이 우호적인 관계를 유지해 왔지요. 입술이 없으면 이가 시리다고 했습니다순망치한. 두 나라가 소국임에도 지금까지 살아남을 수 있었던 것은 순치 관계였기 때문입니다. 지금 이 시점에서 진에게 길을 내준다면 하루도 가기 전에 이 나라도 사라지게 될 것입니다."

궁지기가 극구 만류했지만 우왕은 듣지 않았다.

진나라 순식은 대군을 거느리고 우나라를 거쳐 괵나라로 쳐들어갔고, 괵에서 대승을 거둔 진나라는 돌아오는 길에 우나라를 정복

하고 우공을 사로잡았다. 순식은 옥과 준마를 다시 찾아 진헌공에게 돌려주었다.

'순망치한脣亡齒寒'이라는 고사성어는 바로 이 이야기에서 유래했다. 이는 '입술을 잃으면 이가 시리다.'라는 뜻으로, '가까운 사이의 한쪽이 망亡하면, 다른 한쪽도 그 영향을 받아 온전하기 어려움.'을 비유한 말이다.

051

신기묘산 神機妙算

글자 풀이

귀신 신神, shén, 틀 기機, jī, 묘할 묘妙, miào, 셀 산算, suàn

뜻 풀이

'뛰어난 재주와 신묘한 계책'이라는 뜻이다.

유래

유비의 군사軍師인 제갈량諸葛亮은 오吳나라의 대도독大都督 주유周瑜와 동맹을 맺고 조조군과 맞서게 되었다.

지혜롭고 계략이 뛰어난 제갈량에게 강한 질투심을 느꼈던 주유는 제갈량이 자신의 출세에 걸림돌이 되고, 장차 오나라의 천하통일에 걸림돌이 될까 두려워, 몰래 제거하려는 계책을 꾸몄다.

어느 날 주유는 수하의 장군들을 불러 모은 자리에서 제갈량에게 물었다.

"공명 선생, 우리 군이 100만 명이나 되는 조조 대군에 맞서려면

10만 대의 화살이 필요합니다. 열흘 안에 화살 10만 대를 마련해줄 수 있겠습니까?"

이에 제갈량은 긴 수염을 쓰다듬으며 대답했다.

"장군께서 내린 명을 어찌 제가 감히 거역하겠습니까? 조조군이 언제 쳐들어올지 모르는데, 열흘이라는 시간은 너무 긴 것 같습니다. 사흘이면 충분할 것입니다."

주유는 제갈량이 약속을 어길 경우 군법에 따라 처리한다는 군령장을 쓰게 했고, 스스로 무덤을 파는 제갈량이 어리석다고 비웃었다. 그도 그럴 것이 당시 상황에서 사람의 힘으로 사흘 안에 10만 대의 화살을 만들어 낸다는 것은 불가능한 일이었기 때문이다.

또 한편으로는 제갈량의 호언장담이 못내 마음에 걸려, 오나라의 노숙魯肅을 시켜 동정을 살피게 했다. 제갈량을 찾아간 노숙은 눈앞의 광경에 그만 깜짝 놀라고 말았다. 제갈량은 태평하게 앉아 거문고를 타며 술을 마시고 있었던 것이다. 화살은 어디에도 없었다. 노숙을 본 제갈량이 그의 소매를 잡아당기며 도와줄 것을 부탁했다.

"목숨을 걸고 10만 대의 화살을 사흘 안에 만들어 바치겠노라 장담을 한 선생께서 밤낮을 가리지 않고 화살을 만들어도 모자랄 판에 어찌 이렇게 손을 놓고 계십니까? 제가 무슨 방법으로 도울 수 있겠습니까?"

노숙이 묻자 제갈량이 대답했다.

"10만 대의 화살은 사흘이 아니라 한 달이 지나도 만들 수 없을 것

입니다. 이는 주유의 계략이 분명하지요. 공께서 부탁 하나만 들어

준다면 제 목숨을 구할 수 있을 것입니다. 우선 배 스무 척에 군사 30

명씩 태운 후 볏짚으로 만든 허수아비를 가득 세워주십시오. 배는

검은색 천으로 덮고, 북과 나팔을 준비한 후 사흘째 되는 날 저에게

보내주십시오. 단, 주유대도독께 알려서는 절대 안 됩니다."

　제갈량의 속셈을 도무지 알 수 없었지만 노숙은 그렇게 하기로 약

속하고 3일째 되던 날 제갈량에게 배를 마련해주었다.

　그날 밤 제갈량은 노숙과 함께 배에 오른 후 군사들을 재촉해 북쪽

으로 나아갔다. 이윽고 안개가 자욱한 새벽이 되었다. 배들이 조조

수군水軍의 진지 앞에 다다르자, 제갈량은 군사들에게 북을 치고 함

성을 지르게 했다.

노숙이 대경실색하자 제갈량은 느긋한 목소리로 술을 권하며 말했다.

"우리는 이렇게 술이나 마시면서 기다리기만 하면 됩니다."

짙은 안개 속에서 북소리가 들리자 적의 기습이라 여긴 조조가 즉시 3,000명의 궁수에게 활을 쏘게 했다. 조조군의 화살이 빗발같이 날아와 배에 실을 허수아비에 꽂혔다. 한참 지나자 제갈량은 뱃머리를 반대편으로 돌려 다시 날아오는 화살을 받았다.

날이 밝고 안개가 걷히자 제갈량의 스무 척 배들에는 화살이 가득 꽂혔다. 배에 실은 볏단은 바로 조조군의 화살을 받기 위한 것이었고 제갈량은 기습 공격인 것처럼 꾸며 조조군 10만 대의 화살을 손에 넣는 데 성공했다.

"그야말로 신기묘산이로구나. 제갈량의 총명함을 내 어찌 따르랴."

사흘만에 10만 대의 화살을 구해 온 제갈량의 지혜에 주유는 무릎을 치며 탄복할 수밖에 없었다.

'신기묘산神機妙算'이라는 고사성어는 바로 이 이야기에서 유래했으며, '뛰어난 재주와 신묘한 계책'이라는 뜻이다.

약법삼장 約法三章

글자 풀이

약속 약約, yuē, 법 법法, fǎ, 석 삼三, sān, 글 장章, zhāng

뜻 풀이

'세 조항의 간단한 법'이라는 뜻으로, '법을 만들고 그것을 지키기로 약속하다.'라는 뜻이다.

유래

장량張良의 할아버지 이름은 개지開地이고, 한소후, 선혜왕, 양애왕 때에 재상을 지냈다. 장량의 아버지 역시 한나라 두 임금의 재상을 지냈다. 이 때문에 사서에서는 장량의 할아버지와 아버지를 일컬어 '한 나라 다섯 왕의 재상을 맡은 가문'이라고 높이 평가하고 있다.

한나라가 멸망한 후 장량은 진시황을 암살하려 했지만 성공하지 못하여 '하비'라는 곳에 숨어 살았다.

후에 장량은 유방劉邦에게 자주 병법에 대해 말해주었는데, 유방은 이를 통해 장량의 재능을 알게 되었다. 장량은 다른 사람들에게도 계책을 말해줄 때가 있었지만 누구도 그 묘미를 알지 못했고, 다만 유방만이 장량의 계책을 잘 이해하곤 했다. 이에 장량은 유방에게 "패공의 이해력은 천부적인 것입니다."라고 말한 적도 있다.

후에 유방이 함양咸陽을 점령하게 되었고, 진나라의 황태자는 옥새를 목에 걸고 투항했다. 이때 봉기군의 장령들은 진나라 황태자를 죽여야 한다고 주장했다.

이에 유방은 이들을 완강하게 말리면서 다음과 같이 말했다.

"회왕懷王께서 나를 보내 함양을 점령하게 한 것은 내가 백성들을 잘 대해주었기 때문이었소. 더욱이 진나라는 이미 투항을 했으니 투항한 사람을 죽인다면 불길한 일을 면치 못할 것이오."

유방은 진나라 황제를 관원들에게 맡겨 잘 돌봐주라고 명했다. 유방은 함양에 입성한 후 진나라 황궁에 잠시 머물렀는데 번회, 장량을 비롯한 수하 장수들의 권고를 받아들여 패상에 있는 군영으로 거처를 옮겼다.

이날 저녁, 유방은 큰 연회를 마련해 장군들과 군사들을 위로했다. 술을 마신 유방은 득의양양해했고, 아무런 근심도 없어 보였다.

연회석상에서 유방의 모습을 지켜보는 장량은 술잔을 손안에서 돌리며 깊은 생각에 빠져 있었다.

유방이 이를 의아하게 여겨 장량에게 다가와 말했다.

"장군께서는 뭔가 근심이 있는 모양이구려. 모든 장수들이 마음껏 술을 마시고 있는데, 왜 이렇게 묵묵히 계시는지 어디 한번 들어봅시다."

장량이 일어서서 말했다.

"제가 볼 때는 아직 연회를 할 때가 아닌 것 같습니다. 아직도 해야 할 일들이 너무 많습니다. 우리가 함양을 함락했지만 백성들은 아직까지 두려움에 떨고 있고, 진나라의 많은 가혹한 형벌이 백성들을 괴롭히고 있습니다. 지금이 바로 민심을 수습할 때인 것이 분명하온데 주공께서는 좋은 계책이 있으신가 봅니다."

이에 유방이 크게 깨달음을 얻어 말했다.

"이런 큰일을 내가 잊고 있었구려. 선생께서 말해주지 않았다면 그런 생각을 전혀 하지 못했을 것이오."

며칠이 지나 유방은 함양 주변 각 현의 원로들을 불러 모임을 가졌다.

이 자리에서 유방이 먼저 말을 했다.

"여러분은 진나라의 가혹한 형벌에 오랫동안 시달려 왔습니다. 사람들이 진나라의 법에 대해 몇 마디만 수군거려도 비방죄에 걸려 온 가족이 죽음을 면치 못했습니다. 심지어 길거리에서 친구를 만나 몇 마디 한담을 해도 살인죄로 처벌을 받았지요. 이 자리에서 여러분께 좋은 소식을 알려드릴까 합니다. 저는 이미 여러 나라 제후들과 함께 진나라의 법을 폐지할 것을 합의했습니다. 저는 여러분들 앞에서 약법삼장을 발표하겠습니다. 첫째, 살인자는 목숨을 내놓아야 하고, 둘째 사람을 다치게 한 자는 그 죗값을 치러야 하며, 셋째 도적질한 자는 감옥에 보낸다는 것입니다."

유방은 곳곳에 사람을 파견해 새로 반포한 이 법을 알렸다.

이를 알게 된 백성들은 기뻐하면서 서로 소식을 알렸다. 백성들은
또 유방에게 많은 소와 양, 좋은 술을 바쳐 삼군을 위로하게 했다.

유방은 이를 받지 않으면서 말했다.

"군량미가 부족함이 없으니 백성들에게 부담을 줄 필요가 없습니다."

이에 백성들은 더욱 기뻐했다.

'약법삼장約法三章'이라는 고사성어는 바로 이 이야기에서 유래했
으며, '법을 만들고 그것을 지키기로 약속하다.'라는 뜻이다.

053

양질호피羊質虎皮

글자 풀이

양 양羊, yáng, 바탕 질質, zhì, 범 호虎, hǔ 가죽 피皮, pí

뜻 풀이

'양의 몸에 호랑이가죽을 씌워 놓다.'라는 뜻이다.

유래

남북조시대 남조에 키가 9척이나 되고, 무예가 출중한 '양간'이라는 장사가 있었다. 사람들은 그의 출중한 무예에 탄복하여 그를 '맹호'라고 불렀다.

한번은 그가 부친을 따라 북위로 가게 되었다. 북위 황제는 그의 명성을 익히 알고 있었지만 직접 본인을 만나보지 못했기 때문에 반신반의하고 있었다.

그러던 차에 양간을 직접 만나게 되어 무척 기뻤다. 북위 황제가 양간에게 물었다.

"듣자하니 모두 자네를 '맹호'라고 하던데, 그게 사실인가? 혹시 양질호피는 아닌가?"

양간은 그 말을 듣자마자 바닥에 엎드려 두 손으로 땅을 짚고 범의 자세를 취하면서 '으흥' 하고 힘을 썼다. 북위 황제가 내려다보니 양간이 방금 짚었던 자리에 열 손가락 자국이 깊숙이 나 있었다.

이를 본 대신들도 감탄을 금치 못했다.

이때 북위 황제가 호탕하게 웃으며 말했다.

"자네 과연 장수로군. 짐은 오늘 자네에게 진심으로 탄복했노라."

'양질호피羊質虎皮'라는 고사성어는 바로 이 이야기에서 유래된 것이며, '겉으로는 강한 것 같지만 사실상 아무런 능력도 없는 사람'을 비유할 때도 사용된다.

그 후 양간은 남방에 있는 '양국'이라는 나라에 가게 되었는데, 양국의 황제인 간문제는 그를 장군으로 봉했다. 당시 양국의 대신이었던 후경이 군사를 모아 반란을 일으켜 양국은 위급한 처지에 놓이게 되었다.

양간은 직접 군사를 인솔하여 용감하게 적들과 맞서 싸웠기 때문에 후경은 양국의 도읍을 점령할 수 없었다.

급해진 후경은 매우 악랄한 계책을 꾸몄다. 그는 양간의 아들을 잡아 성벽에 매달아 놓은 후 "네 아들의 목숨이 내 손에 달려 있다. 아들의 목숨이 중요한지, 무너져가는 도읍이 중요한지 잘 판단하라."라고 위협했다.

하지만 양간은 "도읍의 수많은 백성들의 목숨이 내 손에 달려 있는데, 어찌 내가 자신의 아들 하나만을 위해 굴복할 수 있겠는가?"라고 하면서 맞섰다.

악독한 후경은 그의 아들을 바로 죽이지 않고 며칠 동안 고문을 했다.

온몸이 피투성이가 된 아들을 보는 양간의 마음은 찢어지는 듯 아팠다. 그는 눈물을 머금고 아들을 향해 외쳤다. "아들아, 아버지는 이 한몸을 나라에 바치고자 맹세한 충신으로서 어찌 나만의 불행만 생각하겠느냐." 말을 마친 양간은 아들을 향해 화살을 날렸다.

'양질호피羊質虎皮'라는 고사성어는 바로 이 이야기에서 유래했으며, '양의 몸에 호랑이가죽을 씌워 놓다.'라는 뜻이다.

054

연목구어 緣木求魚

글자 풀이

말미암을 연緣, yuán, 나무 목木, mù, 구할 구求, qiú, 물고기 어魚, yú

뜻 풀이

'나무에 올라 물고기를 얻으려고 한다.'라는 뜻으로, '불가능한 일을 무리해서 굳이 하려함.'을 비유한 말이다.

유래

중국 유교학설의 창시자인 공자는 3,000명의 제자를 가르쳤는데, 그중 현인은 72명이었다. 공자의 가르침은 증삼曾參을 거쳐 자사子思에게 전해지고, 다시 맹자에게 전해져 유교학파를 형성했으며, 맹자는 공자의 업적을 집대성한 사람으로 불리고 있다.

유교학설의 핵심은 '인仁'이다. 맹자는 '인'은 사람을 사랑하고 아끼는 것이라 해석하고, 사람의 사상이나 행위 또는 나라의 정책 모두 '인仁'을 출발점과 귀결점으로 해야 한다고 주장했다.

한번은 맹자가 위나라 양혜왕梁惠王을 알현했다. 양혜왕은 맹자가 유명한 학자임을 알고 매우 반갑게 맞이했지만 맹자의 학설에는 그다지 흥미를 느끼지 못했다. 이에 실망한 맹자는 위나라를 떠나 제나라로 갔다.

제나라의 선왕宣王은 맹자의 명성을 오래전부터 익히 알고 있었다며 그를 반갑게 맞아주었다. 포부가 남달랐던 선왕은 맹자라면 반드시 그의 야망을 실현시켜줄 수 있을 것이라고 믿었다.

궁궐에 들어서는 맹자를 보자 선왕이 한달음에 달려 나와 인사를 건넸다.

"먼 길 오시느라 고생하셨소. 우선 이쪽으로 앉아 제나라 환공桓公과 진나라 문공文公이 어떻게 패업을 이루었는지 말해주시오."

선왕은 맹자를 보고 춘추시대에 용맹을 떨쳤던 제나라 환공과 진나라 문공의 위업을 들려달라고 청했다.

예로부터 '인자애인仁者愛人'을 주장하며 무력으로 패권을 잡는 것을 반대해 왔던 맹자는 선왕에게 퉁명스럽게 대답했다.

"유교학설의 창시자 공자 선생도 패권을 잡는 법을 가르치지 않았습니다. 가르침을 받지 않았으니 당연히 소인도 알지 못하지요. 하지만 폐하께서 그토록 알고 싶어하신다면 '왕도王道'에 대한 저의 소견을 말씀드리지요."

"왕도王道가 도대체 무엇이란 말이오?"

선왕이 다시 묻자, 맹자가 대답했다.

"왕도는 임금께서 제나라의 백성을 사랑하고 아끼며 이웃 나라와
좋은 관계를 유지해 훌륭한 군주가 되는 것을 말합니다. 인정仁政을
베푸시면 천하태평과 백성의 안녕이 무슨 걱정이겠습니까? 천하는
저절로 임금의 것이 됩니다. 왕도를 따르는 자만이 천하를 지배할
수 있습니다."

그러나 제선왕은 맹자의 말을 우습게 여겼다.

맹자가 이어서 말했다.

"임금께서는 초나라와 진나라를 손에 넣은 후 그들의 문안을 받고
사방의 오랑캐들로 하여금 복종하게 하고 싶으시지요. 유교학설로
말하자면 천하를 무력으로 정복하고자 하는 것은 마치 나무에 올라

가서 물고기를 잡겠다는 것_{연목구어}과 다름 없는 어리석고 불가능한 일입니다."

선왕은 매우 불쾌한 듯이 말했다.

"맹자 선생, 그게 그렇게 무리한 일이란 말이오?"

맹자가 대답했다.

"어디 그뿐이겠습니까? 나무에서 물고기를 얻지 못하면 뒤따르는 재난이 없지만 임금께서 군사로 패업을 이루고자 하시면, 결국 백성을 잃고 나라가 망하는 큰 재난이 뒤따르게 될 것입니다."

'연목구어緣木求魚'라는 고사성어는 바로 이 이야기에서 유래했다. 이는 '나무에 올라 물고기를 구한다.'라는 뜻으로, '불가능한 일을 무리해서 굳이 하려함.' 또는 '방법이 틀려 목적을 달성할 수 없음.'을 비유한 말이다.

055

와신상담 臥薪嘗膽

글자 풀이

누울 와臥, wò, 땔나무 신薪, xīn, 맛볼 상嘗, cháng, 쓸개 담膽, dǎn.

뜻 풀이

'섶 위에 눕고 쓸개를 핥으며 복수를 잊지 않다.'라는 뜻으로, '원수를 갚거나 마음먹은 일을 이루기 위하여 온갖 어려움과 괴로움을 참고 견딤.'을 비유한 말이다.

유래

춘추시대 오吳나라와 월越나라는 전쟁을 거듭했다. 기원전 496년, 오나라 왕 합려는 군사를 이끌고 월나라를 공격했는데, 이 싸움에서 크게 패하고 중상을 입게 되었다.

임종 시 합려는 아들 부차에게 월나라에 대한 복수를 잊지 말라고 당부했다.

2년 후 월나라 왕 구천은 부차가 밤낮없이 군사들을 거느리고 훈련하면서 월나라에게 복수할 준비를 하고 있다는 소식을 전해 듣고, 먼저 손을 써서 오나라를 공격하려고 했다.

이에 대신 범려가 간곡히 간언했다.

"안 됩니다. 무기는 흉기라고 들었습니다. 싸움을 일으키는 것은 도의에 어긋나는 일이고, 무력 쟁탈은 정사에서 하책인 줄로 아나이다. 싸움에서 모험은 하늘이 금하는 일이거늘, 이를 어겼다간 큰 화를 당하게 될 것입니다."

이에 구천이 말했다.

"이미 결정한 일이니 더 이상 말하지 말게!"

월왕 구천은 군사를 일으켜 오나라를 침공했다.

미리 준비를 하고 있었던 오나라는 정예 부대를 출동시켜 월나라의 공격을 막아 내고, 월나라 군대를 궁지에 몰아넣었다.

구천과 그의 군사들은 회계산에서 오나라 군사들에게 겹겹이 포위되고 말았다.

구천이 범려에게 물었다.

"과인이 경의 말을 듣지 않은 탓에 이 지경에 이르렀으니 앞으로 어떻게 하면 좋겠소?"

이에 범려는 오나라에 사람을 파견하여 잘못을 뉘우친다는 뜻을 전하고, 후한 예물을 보내어 화해할 것을 권했다. 범려는 만약 오나라가 이에 동의하지 않는다면 월나라의 모든 것을 오나라에 주어야 할 것이라고 말했다.

구천은 범려의 제의를 받아들이고 대부 문종을 파견하여 오나라에 화해의 뜻을 전하도록 했다.

문종은 오왕 앞에 무릎을 꿇고 월나라의 화해 의사를 밝혔다. 문종은 구천이 오나라 왕의 신하가 될 것을 바라고 있으며, 그의 아내는 첩이 되려 한다고 말했다.

오나라 왕 부처는 화해 의사를 받아들이려고 했지만 대신인 오자서가 이에 동의하지 말 것을 한사코 권고했다. 오자서는 이 기회를 빌어 월나라를 멸망시켜야 한다고 말했다.

문종이 돌아와 이 일을 구천에게 알리자, 구천은 검을 빼들어 자기 아내를 죽인 후 오나라와 끝까지 싸워보려고 했다.

이에 문종은 구천을 말리면서 말했다.

"오나라의 대신 태재비는 여자와 재물에 탐욕스러운 사람이오니 그 자를 이용하면 좋은 수가 있을 것으로 아나이다."

구천은 문종을 시켜 비밀리에 태재비에게 미녀들과 재물을 가져가도록 했다. 과연 태재비는 이를 흔쾌히 받아들이고 부처에게 선처를 부탁하겠노라고 했다. 결국 구천은 자기 나라로 무사히 돌아갈 수 있었다.

그리하여 월나라는 한 차례의 재앙을 피하게 되었다. 하지만 갖은 굴욕을 당한 구천은 복수를 하려고 마음먹었다. 그는 안일하고 사치스러운 생활을 포기하고 매일 섶 위에서 자면서 끼니마다 먼저 쓰디쓴 쓸개를 맛보곤 했다. 그때마다 구천은 망국의 치욕을 절대 잊어서는 안 된다고 자신에게 경고했다.

몇 년 후 월나라는 끝내 오나라를 멸망시키고 말았다.

이 이야기는『사기 · 월왕구천세가史記 · 越王句踐世家』에 수록되어
있다.

'와신상담臥薪嘗膽'이라는 고사성어는 바로 이 이야기에서 유래했
으며, '원수를 갚기 위해 스스로 분발하여 노력하거나 큰 뜻을 위해
서 온갖 어려움과 괴로움을 참고 견딤.'을 비유한 말이다.

원수불구근화 遠水不救近火

글자 풀이

멀 원遠, yuǎn, 물 수水, shuǐ, 아닐 불不, bú, 구원할 구救, jiù, 가까울 근近, jìn, 불 화火, huǒ

뜻 풀이

'먼 곳에 있는 물은 가까운 곳의 불을 끌 수 없다.'라는 뜻으로, '먼 곳에 있으면 급할 때 아무런 소용이 없음.'을 비유한 말이다.

유래

한비자韓非子는 전국시대 말 한漢나라 사람으로, 법가 사상의 대표 주자다. 그는 인의仁義, 어질고 의로움를 근본으로 하여 백성을 다스리는 유가 사상에 대해 냉철한 평가를 내린 인물로, 법으로 다스려야 나라의 기강이 바로 서고 통일을 유지할 수 있다고 주장했다. 그러나 유가 사상을 무조건 비난했던 것은 아니다. 당시에는 전쟁이 끊이질 않았고, 소수 권신들이 군주의 눈과 귀를 피해 사리사욕을 취하는

바람에 백성들은 고통 속에 신음하며 살았다. 한비자는 이러한 혼란의 시기에 인의만 내세우는 것은 군주의 지위를 낮추고, 나라를 위태롭게 하는 것에 지나지 않는다고 판단했다. 한비자는 군주가 강력한 법을 제정해 권위를 되찾고, 시대를 꿰뚫어 볼 수 있는 혜안을 갖기를 바랐던 것이다.

『한비자·설림상편』에는 한비자의 이러한 사상을 잘 보여주고 있는 고사가 실려 있다. 전국시대 초 중원中原 일대의 제齊나라와 진晉나라는 땅이 넓고 비옥하며, 군사력이 강했다. 다른 한 나라인 초楚나라는 장강 회하 유역 일대의 넓고 비옥한 땅을 차지하고, 수십 만명의 군사들을 거느린 강국이었다. 초나라는 중원 지역을 호시탐탐

노리며 인근 국가들에게 위협을 가했다. 반면 노魯나라는 중원 지역에 위치해 있었지만 주변국들의 침공을 자주 받는 약소국이었다.

노나라가 제나라의 위협을 받고 있을 때였다. 노나라 왕 목공穆公은 두 아들을 진나라와 초나라에 보내 벼슬을 하게 했다. 두 강국과 친교를 맺어 놓으면 위험에 처했을 때 구원을 받을 수 있을 것으로 기대했기 때문이다.

노나라의 대부 이서犁鉏가 목공을 찾아가 영문을 물었다.

"왕께서 두 왕자를 진나라와 초나라에 관리로 보냈다고 들었습니다. 어찌된 일입니까?"

"진나라와 초나라는 모두 강대국이다. 내 두 아들을 그리로 보낸 것은 우리가 위험할 때 그들의 도움을 받을 수 있다고 생각해서였다. 그게 아니라면 두 왕자를 그곳 멀리까지 보낼 이유가 있었겠느냐?"

목공의 말에 이서가 대답했다.

"진나라와 초나라는 강대국임이 틀림없습니다. 그러하오니 더욱 우리 노나라에 바랄 것이 있겠습니까? 두 공자는 그곳에서 대접받지 못할 뿐만 아니라 두 나라와의 우의를 기대해서도 안 될 것입니다. 진나라와 초나라는 우리에게 실질적인 도움을 주지 못할 것입니다."

어렵게 내린 자신의 결정에 반기를 들고 나서는 이서가 못마땅해진 목공은 대노하며 말했다. "어찌하여 그런 말을 하는 것이냐? 그들의 군사력을 믿지 못한다는 말이냐?"

이에 이서는 차근차근 말했다.

"월나라는 '물의 나라'라고 불립니다. 그리하여 그곳 사람들은 모두 헤엄에 능합니다. 우리 노나라의 누군가가 물에 빠져서 목숨이 다급한 상황에서 월나라 사람에게 도움을 청해 익사 직전의 사람을 구하려 한다고 가정해보겠습니다. 월나라 사람이 아무리 헤엄을 잘 친다고 하더라도 물에 빠진 노나라 사람을 구할 수 있겠습니까? 불이 났을 때에도 이와 마찬가지입니다. 원수불구근화遠水不救近火, 바닷물이 아무리 많다고 하더라도 먼 곳에 있는 바닷물로 이곳의 불을 끄지는 못합니다. 진나라와 초나라가 강하다고는 하나 제나라가 더 가까이 있지 않습니까? 두 왕자를 보냈다고 해서 멀리 있는 초나라와 진나라가 우리를 구원하지는 못할 것입니다."

'원수불구근화遠水不救近火'라는 고사성어는 바로 이 이야기에서 유래했다. 이는 '먼 곳에 있는 물은 가까운 곳의 불을 끌 수 없다.'라는 뜻으로, '먼 곳에 있으면 급할 때 아무런 소용이 없음.'을 비유한 말이다.

위편삼절韋編三絶

글자 풀이

가죽 위韋, wéi, 맬 편編, biān, 석 삼三, sān, 끊을 절絶, jué

뜻 풀이

'책을 엮어 묶은 끈이 세 번이나 끊어졌다.'라는 뜻으로, '한 권의 책을 몇십 번이나 반복하여 읽을 만큼 독서에 열중함.'을 비유한 말이다.

유래

종이는 동한東漢 때 '채륜蔡倫'이라는 사람에 의해 발명되었다. 종이가 있기 전에는 비단이나 대나무가 종이를 대신했다. 대나무를 적당한 길이로 자른 후 불에 쬐어 기름을 뺀 것을 '간簡' 또는 '죽간竹簡'이라고 한다. 여기에 금속이나 붓으로 글자를 쓰고, 가죽 끈으로 엮어 맨 한 뭉치를 '책策' 또는 '책冊'이라고 불렀다. 오늘날 문장의 단위로 제1편, 제1권, 제1책이라고 부르는 것은 바로 여기에서 유래한 것이다. 『사기 · 공자세가史記 · 孔子世家』에는 다음과 같이 기록되어

있다. 공자는 만년에 『주역周易』을 즐겨 읽었으며, 주역을 읽는 동안 죽간을 연결하는 위편이 세 번 끊어졌다. 또 공자는 "나에게 수년을 빌려준다면 『주역』에 정통할 것이다."라고 말했다. 이로부터 공자가 주역을 얼마나 탐독했는지 짐작할 수 있다.

공자의 이름은 구丘, 자는 중니仲尼로, 중국 춘추시대 말의 위대한 사상가, 정치가, 교육가이며 유가학파의 창시자다. 그는 가난한 집에서 태어나 매우 불우한 유년 시절을 보냈지만 어려서부터 학문을 즐겼고, 박학다식하여 많은 사람들의 찬사와 공경을 한몸에 받으면서 자랐다. 그는 15세부터 학문에 뜻을 두었으며, 30세가 되기 전에 육예六藝, 예·음악·활쏘기·마차술·서예·수학에 능통했다. 『시詩』, 『서

書』,『예禮』,『악樂』,『역易』,『춘추春秋』 등을 비롯한 고전에도 매우 밝았다. 그리하여 소문을 들은 사람들이 그를 스승으로 모시고 글을 배우기 위해 구름처럼 몰려들었다.

춘추시대 말은 주周나라의 세력이 쇠퇴하고 제후국 간의 권력 투쟁이 끊이질 않아 사회적 혼란이 극에 달했던 시기였다. 정치적 도덕성을 상실한 세상을 바로잡는 것이 군자의 사명이자 의무라고 생각했던 공자는 자신의 이상을 실현하고자 제자들과 함께 천하를 주유周遊하기로 결심했다. 그렇게 시작된 공자의 천하 주유는 장장 14년 동안 이어졌다. 그러나 부국강병을 부르짖는 춘추 제국에서 공자의 '인仁'과 '예禮'는 환영받지 못했다. 이들은 제나라에 배척당하고, 송나라와 위나라에서 쫓겨났으며, 진나라에서 채나라로 갈 때에는 7일 동안 끼니를 잇지 못하기도 했다. 그러나 이 어려운 상황에서도 공자는 뜻을 버리지 않고 시를 읊고 거문고를 탔다. 고향을 떠난 지 14년 만인 기원전 484년, 제자들을 이끌고 고향인 노나라로 돌아온 공자는 교육과 집필에만 전념했다.

공자는 여러 가지 공을 세웠지만 후세에 남긴 가장 큰 공적은 '제자 양성'과 '고전 편찬'이라고 할 수 있다. 그중에서도 유교의 다섯 가지 기본 경전인 오경五經의 편찬은 그의 으뜸가는 공적으로, 후세의 학술 사상 발전에 크게 이바지했다. 중국 각 지방에서 유행하던 노래의 가사를 모아 놓은 『시경詩經』, 역사서인 『서경書經』과 『춘추春秋』, 점술서인 『주역周易』, 사회생활 양식을 기록한 『예기藝記』 등이 있다. 공자의 위대한 문화 업적의 탄생에는 '위편삼절'과 같은 피나는 노력이 숨어 있었다. 그의 제자들이 쓴 『논어論語』에는 공자가 학문에 열중하다 보니 끼니를 잊었고, 학문을 연구하는 즐거움으로 근심을 잊었으며, 세월이 흘러 몸이 늙어 가는 것도 잊었다고 기록되어 있다.

'위편삼절韋編三絶'이라는 고사성어는 바로 이 이야기에서 유래했으며, 여기에서 '삼三'은 '자주'의 뜻으로, 문자 그대로 세 번에 한하지 않고 가죽 끈이 끊어질 때까지의 '상당한 횟수'를 의미한다. 이는 '반복해서 책을 탐독하고 열심히 공부함.'을 비유한 말이다.

058

유방백세流芳百世

글자 풀이

흐를 유流, liú, 향내날 방芳, fāng, 일백 백百, bǎi, 인간 세世, shì

뜻 풀이

'향기香氣가 세대에 걸쳐 흐른다.'라는 뜻으로, '훌륭한 명성이 후세後世에 길이 전해짐.'을 비유한 말이다.

유래

동진東晉 때의 환온桓溫은 용항龍亢 사람으로, 자字는 원자元子이다. 왕망王莽, 조조曹操, 사마소司馬昭, 왕돈王敦에 견줄 만큼 공적이 뛰어났고, 정치적 야심 또한 대단했지만 결국 그 뜻을 이루지 못한 인물로 역사에 기록되어 있다.

환온은 어려서부터 용감하고 뚝심이 남달랐다. 그가 15세 되던 해에 부친 환이桓彝가 지방 관리인 강파江播에 의해 살해당하자, 매일 밤 창을 머리맡에 둔 채 잠을 자고, 피눈물을 흘리며 복수를 맹세했다.

3년 후 부친을 살해한 강파가 병들어 죽자, 환온은 복수심을 버리지 못하고 조문객으로 가장해 강파의 세 아들을 죽였다.

당시 사람들은 환온의 이러한 효심과 뚝심을 높이 칭송했으며, 더불어 그의 이름도 세상에 널리 알려지게 되었다. 환온은 이를 계기로 진나라 명제의 딸 남강공주南康公主를 아내로 맞으면서 진명제의 사위, 즉 부마도위가 되었다.

환온은 조정에서 대신들과 국사를 논의하며 깊은 정을 쌓았고, 대신들의 신임을 받으며 서서히 세력을 키워 나갔다.

어느 날 한 대신이 명제에게 환온을 중용할 것을 간했다.

"환온은 재능이 뛰어나고, 배포가 큰 인물임이 틀림없습니다. 그러하오니 왕께서는 그에게 기타 부마들과는 다른 관직을 내리시어 재능을 마음껏 펼칠 수 있도록 도와주셔야 할 것입니다."

이를 새겨들은 명제는 환온을 형주자사荊州刺史 겸 양주도독梁州都督 그리고 안서장군安西將軍으로 등용해 형주와 양주를 포함한 4개 주의 군사를 통솔하게 했다.

동진 영화永和 2년346년, 환온이 34세 되던 해에 진나라와 북방 이민족들은 서로 끊임없이 마찰을 빚었다. 환온은 중원中原을 회복하고자 군사를 거느리고 강릉江陵을 출발해 북벌北伐을 감행했다.

당시 섭정하고 있던 강헌태후康獻太后가 환온의 군사가 부족하다고 여겨 반대했지만 환온의 의지를 꺾지는 못했다. 북벌에서 환온은 오랫동안 독립을 유지하고 있던 성한城漢, 오늘날의 사천 지역을 단숨에 평정하고 강릉으로 돌아왔다. 그의 뛰어난 군사 능력에 많은 사람들이 감탄했다. 그 후 환온은 정서대장군征西大將軍에 제수되었고, 그의 권세도 나날이 커져 갔다.

권력을 가진 자에게는 시기와 질투가 따르는 법, 대신들은 환온의 세력이 커지는 것을 두려워했다. 대신들은 환온을 동진 원제元帝 때 반란을 일으킨 야심가인 왕돈에 비유하고, 왕실을 장악하려는 정치적 야심가라고 일컬으며 갖은 방법을 동원하여 훼방을 놓았다.

환온은 이처럼 후방의 전폭적인 지지를 받지 못한 상황에서 369년에 전연前燕에 대한 북벌을 단행했다. 그러나 강대한 적군의 저지를 받고, 군량 수송까지 끊기면서 결국 패하고 말았다.

자존심이 무척 강했던 환온은 황제의 자리를 탐내는 자라고 수군대는 대신들 앞에서는 절대 자기의 마음을 보여주는 일이 없었지만 측근들에게는 마음속 고민을 털어놓았다.

하루는 환온이 침대에 누워 천정을 바라보며 다음과 같이 말했다.

"사내 대장부로 태어나 유방백세하지 못할 바에는 만세에 악명이라도 떨쳐야 하는데, 그 조차도 이루지 못했구나."

환온은 동진의 재상이었던 사안謝安의 작전에 말려들어 꿈을 이루지 못한 채 영강 원년373년에 병사했다.

'유방백세流芳百世'라는 고사성어는 바로 이 이야기에서 유래했으며, '훌륭한 명성이 후세에 길이 전해지는 것'을 비유한 말이다.

059

유비무환 有備無患

글자 풀이

있을 유有, yǒu, 갖출 비備, bèi, 없을 무無, wú, 근심 환患, huàn

뜻 풀이

'사전에 준비가 있으면 피해를 막을 수 있다.' 또는 '사전에 준비하면 후환이 없다.'라는 뜻이다.

유래

기원전 562년, 여러 제후국들이 함께 정鄭나라를 치기로 했다. 제나라와 송나라를 비롯해 진나라, 위나라 등이 파견한 군대가 속속 정나라 국경을 공격하고 도읍을 포위했다.

이에 정나라 왕공대신들은 대경실색했고, 결국 화의를 청하게 되었다.

정나라는 왕자를 파견해 화의를 청했고, 진나라의 조무와 정나라의 군주가 동맹을 맺게 되었다. 이에 진나라는 포로가 된 정나라 군사들을 사면해주었고, 순찰 군사들을 철수했으며, 정나라 경내에서의 약탈 행위를 중지했다.

또 진나라 왕은 협공에 참가한 여러 나라들에 진나라에 대한 적대 행위를 중단할 것을 요구하는 공문을 보냈다.

정나라는 복종과 감격의 표시로, 진나라 왕에게 악사 3명과 가무에 능한 미녀 16명 그리고 연주할 때 사용하는 귀한 악기들을 보내왔다. 이 밖에도 마차 100대, 병장기, 갑주 등을 보내왔다.

진나라 왕은 기쁜 마음으로 선물을 받았다.

진나라 왕은 지난 몇 년간 진나라에 좋은 일들이 많이 생기고, 승전고를 거듭 올린 원인은 대신 위조가 좋은 계략을 내놓았기 때문이라 생각하고 위조를 불러 다음과 같이 말했다.

"자네의 말을 따라 융적의 여러 부락과 화목하게 지내게 되었고, 중원의 여러 나라들 중 8년 동안 아홉 번이나 제후국의 회맹을 주도했네. 이는 잘 어우러지는 음악이 전혀 삐걱대는 부분이 없는 것과 같소. 지금 정나라가 짐에게 악대를 보내왔으니 우리 함께 그 연주를 들어보세."

진왕은 악대의 절반을 갈라 위조에게 주었다.

이에 위조는 극구 사양하며 말했다.

"융적과 평화롭게 지냄은 나라의 복이옵니다. 8년 동안 아홉 번이나 제후국의 회맹을 주도하고, 제후들이 변심하지 않은 것은 폐하의 위엄과 많은 대신들의 공로가 있었기 때문입니다."

이어 위조가 말했다.

"옛 성현들은 안전할 때 항상 위험을 대비하라는 말을 남겼습니다. '유비무환有備無患'이라고 먼저 후환을 생각하고 방비를 해야 합니다. 신은 주군께 이 말을 드리고 싶습니다."

진나라 왕이 크게 깨달음을 얻어 말했다.

"당신의 가르침을 어찌 내가 소홀히 대하겠소. 당신이 없었더라면 융적과의 관계를 원활히 처리할 수 없었을 것이고, 황하를 넘어 우리의 영토를 늘릴 수도 없었을 것이오. 공이 있는 자에게 상을 내리는 것은 국가의 법전에 규정된 일이거늘 어찌 사양한단 말이오. 내 성의를 받아주시오."

이때로부터 위조는 금과 돌 등으로 이루어진 귀한 악기의 연주를 듣는 특혜를 누렸다고 한다.

이 이야기는 『좌전·양공 11년左傳·襄公十一年』에 수록되어 있다. '유비무환有備無患'이라는 고사성어는 바로 이 이야기에서 유래했으며, '사전에 준비하면 후환을 막을 수 있다.'라는 뜻이다.

060

유지경성有志竟成

글자 풀이

있을 유有, yǒu, 뜻 지志, zhì, 끝날 경竟, jìng, 이룰 성成, chéng

뜻 풀이

'하고자 하는 의지만 있으면 일은 반드시 성취할 수 있다.'라는 뜻이다.

유래

경엄耿弇의 자는 백소伯昭이고, 부풍扶風의 무릉茂陵, 오늘날의 산서 평원 사람이다. 문관 가문의 자제로, 학문에 남다른 재주를 보였던 그는 어느 날 우연히 군위郡尉의 기사騎士들이 말을 타고 활쏘기를 익히는 광경을 보고 장차 대장군이 되어 공을 세우리라 다짐했다.

경엄이 21세 되던 해에 유수劉秀가 군사를 모으고 있다는 소식을 듣고 달려가 한단邯鄲을 평정하고 천하통일을 이루겠다고 말했다. 그러자 유수는 "어린 나이에 그 뜻이 가상하구나."라고 하며 그에게 하사下使를 맡겼다. 훗날 광무제가 된 유수는 경엄을 건위대장군建威

大將軍에 봉하고, 장보張步의 대군을 토벌하게 했다.

그 무렵 장보는 동생 장람張藍에게 정예 군사 2만 명을 주어 서안을 지키게 했고, 관할 군의 태수에게 1만여 명의 병력을 모아 임치臨淄를 지키게 했다.

경엄이 서안과 임치의 중간 지점에서 40리 떨어진 화중현에 진을 치고, 두 곳의 형세를 살펴보니 서안은 비록 작지만 수비가 견고한데다 장람의 정예 부대가 굳건히 지키고 있어 공격하기가 쉽지 않은 반면, 임치는 규모는 크나 병력이 분산되어 비교적 접근하기가 쉽고, 공격하기가 용이한 곳으로 판단하였다.

경엄은 장수들을 모아 놓고 말했다.

"닷새 후에 서안을 공격할테니 전군을 집결하고 만반의 준비를 갖추도록 하라."

서안을 지키던 장람은 이 소문을 듣고 밤낮없이 서안 땅의 경계와 수비를 강화했다.

드디어 공격일이 다가왔다. 전날 밤, 경엄은 장수들을 불러 놓고 말했다.

"아군은 전략을 바꿔 임치성을 공격한다. 날이 밝기 전에 임치성으로 모이도록 하라!"

이에 장수들이 일제히 반대하며 서안을 먼저 공격할 것을 주장하자 경엄이 그 연유를 말했다.

"소문을 들은 장람이 서안을 철통같이 수비하고 있어 쉽게 무너뜨릴 수 없을 것이다. 반대로 임치의 군대는 아군의 공격을 예상치 못하고 기강이 흐트러져 있다가 갑작스레 공격을 받으면 대혼란이 일어날 것이다. 그렇게 되면 하루 만에 임치성이 함락될 것임은 물론이고 서안도 완전히 고립되고, 장람은 장보와 격리되어 꼼짝없이 독안에 든 쥐가 될 것이다. 우리 군은 큰 힘을 들이지 않고서도 2개의 성을 쉽게 손에 넣을 수 있으니 이는 병법으로 볼 때 상책이다."

경엄의 예상대로 임치성을 먼저 공격하자 과연 하루 만에 함락하였고, 장람은 군사를 이끌고 황급히 도망쳤다. 그러나 싸움은 여기에서 그치지 않았다. 장보가 20만 명의 대군을 거느리고 다시 진격해 왔고 경엄은 적군의 화살을 맞아 다리에 중상을 입었다. 때마침 유수가 지원군을 이끌고 오고 있다는 소식이 들려오자 군사들이 경엄에게 지원군을 기다리자고 권유했지만 경엄은 이를 거절했다.

"우리가 승전하여 술상을 차리고 군주를 영접해야 마땅하거늘, 어찌 적을 섬멸하지 못하고 군주께 골칫거리를 남겨 드릴 수 있겠는가?"

경엄은 전열을 가다듬고 다시 공격했고, 장보는 마침내 패했다.

군영에 도착한 유수는 부상을 당하고도 적을 물리친 경엄의 용맹함을 칭찬하며 다음과 같이 말했다.

"이번 싸움은 과거 한신의 제나라 정벌보다도 어려운 싸움이었소. 장군이 전에 남양에서 천하를 제패할 계책을 제안할 때에는 아득하여 실현될 가망이 없다고 여겼는데 유지자사경성有志者事竟成, 즉 의지가 있는 자가 마침내 성취하는구려."

'유지경성有志竟成'이라는 고사성어는 바로 이 이야기에서 유래했으며, '하고자 하는 의지만 있으면 반드시 성취할 수 있다.'라는 뜻이다.

061

이이제이 以夷制夷

글자 풀이

써 이以, yǐ, 오랑캐 이夷, yí, 지을 제制, zhì, 오랑캐 이夷, yí

뜻 풀이

'적을 이용하여 적을 친다.'라는 뜻이다.

유래

등훈鄧訓은 동한東漢의 개국공신 등우鄧禹의 여섯 번째 아들로, 어릴 때부터 큰 포부를 지녔고, 나라를 다스리는 일들을 깊이 연구했지만 문학에는 전혀 뜻이 없어 아버지 등우로부터 늘 꾸중을 듣곤 했다.

　한나라 명제 때 등훈은 '낭중'이라는 관직을 지냈다.

　기원전 58년, 조정은 운하를 파서 순타하, 백구하 등의 강물을 하북에서 양장창오늘의 산서성 분양까지 연결하는 공사를 시작했다. 이 공사를 하려면 물길이 400여 곳에 달하는 물목을 지나야 했는데, 물길을 뚫는 과정에서 많은 사람들이 목숨을 잃었고, 수십 년이 지났지만 공사를 마무리하지 못했다. 그러다가 장제 건초 3년78년에 등훈이 이 공사의 총책임자로 임명되었다. 그가 직접 현지를 돌아보니 이는 도저히 완성할 수 없는 공사라고 판단하고 황제에게 상황을 소상히 보고했다. 이에 황제는 공사를 중단하게 했고, 그 결과 조정은 해마다 지출을 크게 줄일 수 있게 되었으며, 수천 명의 백성들이 목숨을 건질 수 있었다.

장화 2년87년에 호강교위 장우張紆가 강족羌族의 두령을 죽였는데, 이는 강족의 분노를 자아냈고, 이들은 연합해서 한나라에 보복을 하려 했다. 이에 황제가 크게 근심을 하게 되었고, 등훈이 여러 대신들의 추천으로 장우를 대신해 호강교위로 부임했다.

북방의 민족인 소월씨는 그 병력이 기마병 2,000~3,000명뿐이었지만 매우 용감하고 강족과의 싸움에서 늘 적은 병력으로 대군을 격파하곤 했다.

강족의 두령인 미당이 1만여 명의 기마병을 이끌고 국경까지 진격했지만 직접 등훈에게 도전할 엄두를 내지 못했고, 소월씨에게 함께 등훈을 치자고 압력을 가해 왔다.

이러한 사실을 알게 된 등훈은 경계를 강화하는 한편, 장군들에게 절대 출전하지 말라는 명을 내렸다.

이 와중에 강족이 소월씨를 먼저 칠 수 있다고 말하는 사람이 있었는데, 그는 이들이 서로 싸우는 것은 조정에 유리한 것이며, 이들끼리 싸운다면 우리는 이에 관여할 필요가 없다고 주장했다. 즉, 적을 이용해 적을 친다는 것이었다이이제이.

이에 등훈이 깊이 생각한 후 말했다. "장우가 신의를 지키지 않아 강족의 불만을 초래했다. 싸움이 시작되면 우리는 많은 물자를 소모하게 될 것이고, 인마도 잃게 될 것이다. 강족이 불만을 가진 원인은 우리 관리가 신용을 지키지 않았기 때문이다. 지금 소월씨가 위험에 처했는데, 우리가 강 건너 불 보듯 해서야 되겠는가?"

말을 마친 등훈이 성문을 열어 소월씨의 백성들이 성에 들어와 난을 피하도록 하라고 명했다. 미당은 한나라 군사들이 사전에 철저한 준비를 한 것을 보고는 조용히 철군했다. 구사일생으로 목숨을 건진 소월씨의 군민들은 크게 감동했고, 기쁜 심정으로 말했다. "등시군은 참으로 인자한 분이시다. 그가 우리의 처자들을 살려주었으니 그의 영이라면 모두 실행할 것이다."

등훈이 소월씨의 백성들 중 수백 명을 뽑아 한나라 군대에 편입시키니 서로 한집안처럼 지내게 되었고, 소월씨의 백성들은 그 은혜를 칭송해 마지않았다.

'이이제이以夷制夷'라는 고사성어는 바로 이 이야기에서 유래했으며, '적을 이용하여 적을 친다.'라는 뜻이다.

062

인사유명人死留名

글자 풀이

사람 인人, rén, 죽을 사死, sǐ, 머무를 유留, liú, 이름 명名, míng

뜻 풀이

'사람은 죽어서 이름을 남긴다.'라는 뜻으로, 흔히 '범은 죽어서 가죽을 남기고, 사람은 죽어서 이름을 남긴다.'라는 말로도 사용한다.

유래

오대 때의 유명한 무장이었던 왕언장王彦章은 용맹하고 싸움을 잘하기로 유명했다. 젊었을 때 양태조梁太祖 주온朱溫을 따라 각지를 다니며 싸웠으며, 주온이 죽은 후에는 주우정朱友貞이 왕위에 오르는 데 큰 공을 세웠다.

당시 진晉나라와 당唐나라는 모두 양梁나라의 강적이었고, 그들 사이에는 전쟁이 끊이질 않았다. 한번은 전주澶州를 공격한 진나라 군대가 왕언장의 처자식을 포로로 잡아 태원太原으로 끌고 갔다. 진나라 군대는 왕언장의 가족을 살해하지 않았을 뿐만 아니라 그들에게 집까지 지어주고 좋은 음식을 내주면서 후하게 대접했다. 그러고 나서 진나라는 비밀리에 사신을 파견해 왕언장에게 투항을 권했다. 왕언장은 투항하기는커녕 그 자리에서 진나라 사신의 목을 잘라 버렸다.

황제 주우정은 간신들에게 조정 대권을 빼앗긴 우매하고 무능하기 그지없는 황제였다. 오래전부터 왕언장을 시기해 오던 간신들은 왕언장이 군사적 재능을 충분히 발휘하지 못하도록 제동을 걸었고, 그 결과 양나라는 싸움에서 연이어 패배했다.

그 후 진나라 군대가 전주를 공격하자 백성들은 두려움에 떨었다. 주우정 역시 속수무책이었다.

재상 경상敬翔이 황제에게 달려와 읍소했다.

"선제께서는 생전에 소인의 의견을 들어주지 않은 적이 없사옵니다. 지금 적들이 이미 변경을 넘어섰는데 폐하께서 더 이상 충언을 듣지 않으신다면 오늘 저는 이 자리에서 목숨을 끊겠습니다."

더 이상 다른 방법이 없게 된 주우정은 계책을 말해 보라고 했다.

"폐하, 사정이 긴박하옵니다. 왕언장 없이는 안 되는 줄 아옵니다."

주우정은 왕언장을 초토사招討使로 임명해 진나라 군대와 싸우도록 했다. 왕언장은 군사들을 이끌고 활주남성滑州南城을 공격했지만 병력이 부족하고 지원 부대가 없었던 탓에 결국 싸움에서 패하고 말았다. 왕언장을 시기하던 간신들은 때를 놓칠세라 황제에게 '왕언장이 적을 우습게 여기다가 패한 것'이라고 고했으며, 이를 믿은 황제는 왕언장을 파면했다.

얼마 지나지 않아 당나라 군대가 어둠이 깃든 틈을 타 연주兗州를 공격했다. 황제는 왕언장을 다시 부르지 않을 수 없었다. 하지만 정예 군사들은 이미 간신들의 수중에 모두 장악되어 있었고, 왕언장이 거느리고 싸울 군대는 도읍에 있는 500여 명의 어림군御林軍밖에 없었다. 결국 이번 전투 역시 패배로 끝났고, 왕언장은 크게 부상을 입고 포로로 잡혔다.

당나라 장종唐莊宗 앞에 끌려간 왕언장은 투항을 권하는 그에게 다음과 같이 말했다.

"옛말에 '범은 죽어서 가죽을 남기고, 사람은 죽어서 이름을 남긴다.'라는 말이 있다. 나 왕언종은 무사의 몸으로 나라를 배신하는 일 따위는 하지 않는다."

왕언장은 죽었지만 후세 사람들은 오랫동안 그의 이름을 기억하고 있다.

'인사유명人死留名'이라는 고사성어는 바로 이 이야기에서 유래했으며, '사람은 죽어서 이름을 남긴다.'라는 뜻이다.

063

일망타진一網打盡

글자 풀이

한 일一, yì, 그물 망網, wǎng, 칠 타打, dǎ, 다할 진盡, jìn

뜻 풀이

'한 번 그물을 쳐서 고기를 모두 잡는다.'라는 뜻으로, '어떤 무리를 한꺼번에 잡음.'을 비유한 말이다.

유래

북송北宋 제4대 황제인 인종은 백성을 사랑하고 학문을 권장했다. 그리고 인재를 널리 등용하여 문치를 폄으로써 이른바 '경력의 치'로 불리는 군주 정치의 모범적 성세를 이룩했다.

이때의 역사적인 명신으로는 한기, 범중엄, 구양수, 사마광, 주돈이, 장재, 정호, 정이 등이 있었는데, 이들은 조정에서 서로의 주장을 펼쳤고, 이에 따라 충돌도 잦았다. 결국 조정 대신들이 두 파벌로 나뉘어 교대로 정권을 잡게 되자, 20년 동안에 내각이 17번이나 바뀌게 되었다. 후세의 역사가들은 이 단명 내각의 시대를 가리켜 '경력의 당의'라고 부른다.

이 무렵, 청렴하고 강직하기로 이름난 두연杜衍이 재상으로 임명되었다. 당시의 관행으로는 황제가 대신들과 의논하지 않고 독단으로 조서를 내리는 일이 있었는데, 이를 '내강內降'이라고 했다. 그러나 두연은 이와 같은 관행은 바른 정치의 도리가 아니라고 여겨 내강이 있어도 이를 묵살하고 보류했다가 10여 통쯤 쌓이면 그대로 황제에게 되돌려보내곤 했다. 이러한 두연의 소행은 어지를 함부로 대하는 것이라 하여 조야로부터 비난의 대상이 되었다.

이러한 상황에서 공교롭게도 관직에 있는 두연의 사위인 소순흠이 공금을 유용하는 부정을 저질렀다. 그러자 평소 두연에 대한 감정이 좋지 않았던 어사 왕공진은 쾌재를 부르고 소순흠을 엄중히 문초했다. 그리고 그와 가까이 지내는 사람들은 모두 공범으로 몰아 잡아 가둔 후 재상 두연에게 보고했다. "범인들을 일망타진했나이다."

이 사건으로 말미암아 두연도 재임 70일 만에 재상직에서 물러나고 말았다.

'일망타진一網打盡'이라는 고사성어는 바로 이 이야기에서 유래했다. 이는 '한 번 그물을 쳐서 고기를 모두 잡는다.'라는 뜻으로, '어떤 무리를 한 번에 잡음.'을 비유한 말이다.

064

일명경인一鳴驚人

글자 풀이

한 일一, yì, 울 명鳴, míng, 놀랄 경驚, jīng, 사람 인人, rén

뜻 풀이

'한 번 울음이 사람을 놀라게 하다.'라는 뜻으로, '뜻밖에 뛰어난 일을 해서 사람을 놀라게 하는 것'을 비유한 말이다.

유래

전국시대 제나라에 '순어곤'이라는 유명한 익살꾼이 있었다고 한다.

그의 키는 매우 작았지만 매번 사신으로 외국에 가서도 수모를 받아본 적이 없었다고 한다.

『사기·활계열전史記·滑稽列傳』의 기록에 따르면, 당시 제나라 임금은 날마다 주색에 빠져 정사를 전혀 돌보지 않는 위인이어서 늘 주변 제후국들의 침범을 받았다.

그러나 어느 신하도 감히 임금에게 간할 엄두를 내지 못했다.

　순어곤은 제위왕이 수수께끼를 풀기 좋아한다는 것을 알고 제위왕을 찾아갔다.

　"전하, 신이 수수께끼를 하나 내볼까 하나이다."

　"어서 내보시오."

　"우리 제나라에 큰 새 한 마리가 있사온데, 이 새는 3년 동안 날지도 않고 울지도 않사옵니다. 대체 이 새는 무슨 새이겠나이까?"

　이에 제위왕이 서슴없이 대답했다.

　"이 새는 날지 않으면 그뿐이지만 한 번 날면 하늘에 치솟아 오를 것이고, 울지 않으면 그뿐이지만 한 번 울면 사람들이 놀라서 울 것이네일명경인."

사실 3년 동안 제위왕이 주색을 가까이했던 것은 충신과 간신을 가려내기 위한 계책이었다.

순어곤을 만난 후 제위왕은 시기가 성숙되었음을 깨닫고, 그때부터 주색을 멀리하고 국사에 전념하기 시작했다.

춘추시대 초장왕에 관한 이야기도 이와 비슷한 데가 있다.

초장왕은 재위 3년 동안 명령 한마디 없이 국사를 전혀 돌보지 않으면서 "나에 대해 간하는 자는 사형에 처할 것이다."라고 선포했다.

그래서 아무도 감히 간하지 못했는데 충신 오거와 대부 소종이 죽음을 각오하고 초장왕에게 간했다고 한다.

『사기 · 초세가』에 따르면 오거가 초장왕에게 "3년 동안 날지도 울지도 않는 새가 무슨 새인가?"라고 물으니 초장왕은 "3년 날지 않았어도 한 번 날면 이제 곧 하늘로 날아오를 것이며 3년 울지 않았어도 한 번 울면 세상 사람들이 놀라게 될 것이네. 과인은 알아들었으니 경은 이만 물러가게."라고 대답했다.

그로부터 몇 달이 지났지만 장왕의 난행은 조금도 달라지지 않았고, 이번에는 대부 소종이 죽음을 각오하고 어전에 나아가 직언했다. 그러자 장왕은 꾸짖듯이 말했다.

"경은 포고문도 못 보았소?"

"예, 보았나이다. 신은 전하께오서 국정에 전념해주신다면 죽어도 여한이 없겠나이다."

"알았으니 물러가시오."

초장왕은 그날부터 주색을 멀리하고 국정에 전념했다. 장왕 역시 3년 동안 주색을 가까이 한 이유는 충신과 간신을 가려내기 위한 것이었다.

장왕은 국정에 임하자 간신을 비롯한 부정 부패 관리 등 수백 명을 주살하고, 수백 명의 충신을 등용했다. 또 오거와 소종에게 정사를 맡겨 어지러웠던 나라가 바로잡히자 백성들은 장왕의 멋진 재기를 크게 기뻐했다.

'일명경인一鳴驚人'이라는 고사성어는 바로 이 이야기에서 유래했으며, '평소에는 특별한 것이 없다가도 한 번 시작하면 사람을 놀라게 할 정도의 큰일을 이룸.'을 비유한 말이다.

065

일모도궁 日暮途窮

글자 풀이

날 일日, rì, 저물 모暮, mù, 길 도途, tú, 다할 궁窮, qióng

뜻 풀이

'막다른 길에 들어서다.'라는 뜻으로, '날은 저물고 갈 길은 멀다.', '몰락의 일로를 걷다.', '궁지에 몰리다.' 등의 의미로 사용하기도 한다.

유래

춘추시대 초평왕은 어리석고 파렴치했다. 그의 궁에는 아름다운 후궁들이 많지만 초평왕은 며느리를 왕비로 삼았다.

재상 오도는 왕의 패륜적인 행위가 여러 제후국들의 비웃음을 살 것을 우려해 초평왕에게 여러 번 간언했다. 그러나 미색에 빠진 초평왕은 오히려 오도를 죽이라는 어명을 내렸다.

초평왕은 오도를 죽인 것으로도 모자라 오도의 두 아들인 오상과 오원을 도성으로 불렀다. 이들을 죽여서 후환을 없애겠다는 계산에서였다.

조서를 받아든 오원은 초평왕의 음모를 간파하고, 형 오상에게 도성에 들어가면 죽임을 당할 것이니 절대 도성에 가지 말고 다른 나라로 도망간 후 복수할 수 있는 방법을 찾아보자고 말했다.

그러나 오상은 고지식하고 충성심이 강한 사람이라 필히 죽게 될 것임을 알면서도 왕명은 거부할 수 없다고 생각했다. 결국 오상은 초평왕의 요구에 따라 도성에 들어가 죽임을 당했다. 초평왕은 그래도 성에 차지 않자, 전국에 오원을 잡아들이라는 수배령을 내렸다.

오원은 한밤중에 오나라를 탈출했다. 밤낮을 가리지 않고 도망간 끝에 15일 만에 소관에 도착했다.

초평왕도 오원이 탈출할 것이라 생각했기 때문에 여러 관문에 군사를 배치했다. 소관에도 많은 군사들이 검문 검색을 하고 있었다. 성을 빠져나갈 수 없게 된 오원은 친구인 부공의 집에 몸을 숨겼다. 오원의 처지를 가엽게 여긴 부공은 죽음의 위험을 무릅쓰고 오원을 숨겨주고 오원이 탈출할 수 있는 방법을 찾아 나섰다. 어느 날 집을 나서면서 부공은 "소관은 오나라로 갈 수 있는 유일한 길이니 검문이 심할 것이네. 자네는 집에서 내 소식을 기다리게." 하고 신신당부했다.

부공이 집에 돌아와 보니 그동안 오원의 머리와 수염이 하얗게 세어 있었다. 이를 본 부공은 계책이 떠올라 오원에게 말했다.

"자네 머리칼과 수염이 하얗게 세었으니, 다른 사람들은 절대 알아볼 수 없을 것이네. 자네의 지금 모습이 내 친구인 황보납하고 비슷하네. 그러니 그 친구와 옷을 바꿔 입고 탈출하면 될 것 같네."

부공의 계략대로 오원은 소관을 무사히 빠져나가 천신만고 끝에 오나라에 당도했다.

오왕 합려는 오원이 무예가 출중하고 지략이 뛰어나다는 소문을 이미 들은지라 즉시 '상장군'이라는 중책을 맡겼다.

오원은 10년 동안 오나라를 위해 군마를 훈련시켰고, 군사들에게 진법을 가르쳤다.

오원은 대군을 인솔해 초나라를 공격했다. 총 5번의 격전 끝에 초나라 군대는 완패하고 오원은 초나라의 도성까지 함락했다.

이때 초평왕은 이미 죽었지만 오원은 마음속의 화를 누를 길 없어 초평왕의 무덤을 파고 그의 시신을 황야에 내버리게 했다. 그래도 성에 차지 않자, 철 채찍으로 초평왕의 시신을 300대나 때리기도 했다.

이 일을 안 신포서가 오원의 행위가 지나치다고 말하자, 오원은 "나는 갈 길을 재촉하는 나그네와 같다. 날은 이미 저물고 길은 막혔으니일모도궁 나의 이 기괴한 행동을 이해해달라."라고 대답했다.

'일모도궁日暮途窮'이라는 고사성어는 바로 이 이야기에서 유래했다. 이는 '막다른 길에 들어서다.'라는 뜻으로, '궁지에 몰림.'을 비유한 말이다.

066

일락천금一諾千金

글자 풀이

하나 일一, yí, 대답할 락諾, nuò, 일천 천千, qiān, 쇠 금金, jīn

뜻 풀이

'약속 한마디가 천금같이 귀하다.'라는 뜻으로, '말에는 신용이 있어야 함.'을 비유한 말이다.

유래

초나라와 한나라가 패권을 다투던 시기, 유방劉邦은 항우項羽의 부하인 계포季布에게 여러 번 참패를 당했다. 나중에 항우의 군대가 패하자 계포는 홀로 포위망을 뚫고 나와 먼 곳으로 망명했다. 계포에게 한을 품었던 유방은 지명 수배령을 내리는 동시에 그를 숨겨주는 자는 삼족三族을 멸한다고 선포했다.

계포는 원래 초나라 사람이었다. 종군하기 전부터 의를 중히 여기고, 의로운 일을 위해서라면 자신의 재물도 기꺼이 내놓았다.

　또 평소 천하의 호걸들을 많이 사귀어 놓았기 때문에 위험을 감수
하면서라도 그의 피난을 도와주려는 사람들이 많았다. 그러나 체포
하려는 자들이 극성을 피우자 더 이상 숨어 살기 어렵다고 여기고,
하인으로 변장하여 주가朱家의 집으로 들어갔다.

　주가는 당시 유명한 협객이었다. 주가는 한눈에 계포를 알아보았
지만 일부러 모른 체 했다. 하지만 이러한 방법으로는 오랫동안 몸
을 숨길 수 없다고 생각되어 다른 방도를 찾기로 했다.

　주가는 아들에게 계포를 잘 돌봐주라고 당부한 후 유방의 측근을
만나러 낙양洛陽으로 갔다.

　주가는 다음과 같이 말했다.

"신하된 자로서 자신의 군주를 위하는 것은 당연한 일이 아니겠습니까? 계포 역시 항우의 신하로서 초나라를 위해 몸과 마음을 다 바쳐 싸웠습니다. 몇 번이나 한왕漢王을 물리친 것도 그가 유능한 신하이기 때문입니다. 폐하께서는 너그럽고 인자하신 성군聖君이거늘, 어찌 지난 일에 연연하시는 것입니까? 계포는 보기 드문 유능한 신하입니다. 지금처럼 계속 쫓기만 한다면 그는 다른 나라로 도망칠 수밖에 없습니다. 그렇게 되면 한나라는 유능한 신하를 잃게 됩니다. 적으로 만들기보다 우리 편으로 만드는 것이 어떠하실른지요?"

설득력 있는 주가의 말을 듣고 유방의 측근은 유방을 만나 주가의 의견을 전했다. 그 말을 들은 유방은 자신의 처사가 부끄럽기 그지없었다. 그는 지명 수배령을 취소했을 뿐만 아니라 계포를 조정의 중랑장中郎將으로 명했다. 계포는 큰 감동을 받고 매우 열심히 일했다.

계포의 고향 사람인 조구생曹邱生은 말솜씨가 유난히 좋았다. 평소 계포를 매우 존경해 왔지만 연분이 없어 알고 지내지 못했다. 후에 낙양에서 계포가 중랑장이 되었다는 소식을 전해 듣게 되었고, 두장군竇長君에게 계포를 소개해달라고 부탁했다.

일찍부터 조구생이 말만 잘하고 실속이 없는 사람이라고 전해들은 계포는 두장군에게 "나는 조구생에 대해 그 어떤 호감도 없다. 그와 같은 벗을 사귄다면 세상 사람들이 나를 비웃을까 두렵다."라고 쓴 편지를 보냈다.

하지만 조구생은 계포가 알고 있는 그런 사람이 아니었다. 말솜씨가 뛰어난 것 외에도 충직하고 온후하게 남을 대했다. 영웅호걸들을 알고 지내는 것을 특별히 좋아했던 조구생은 쉽게 포기하지 않고 직접 계포를 찾아갔다.

계포는 그를 매우 차갑게 대했다.

미리 예상했던 일인지라 조구생은 당황하지 않고 다음과 같이 말했다.

"당신은 초나라 사람이고, 나 또한 초나라 사람이오. 한 고향 사람끼리 정을 소중히 여기는 것이 옳지 않겠소? 초나라의 속담에 '말한마디가 천 냥 빚을 갚는다일락천금.'라는 말이 있소. 당신이 지금과 같은 명성을 갖게 된 데는 내가 널리 알린 원인도 없지 않소. 어찌하여 벗이 될 수 없단 말이오?"

조구생의 말을 들은 계포는 노여움을 풀고 조구생과 벗이 되었다.

'일락천금一諾千金'이라는 고사성어는 바로 이 이야기에서 유래했다. 이는 '약속 한마디가 천금같이 귀하다.'라는 뜻으로, '말에는 신용이 있어야 함.'을 비유한 말이다.

067

일의고행 一意孤行

글자 풀이

한 일一, yí, 뜻 의意, yì, 외로울 고孤, gū, 걸을 행行, xíng

뜻 풀이

'남의 충고나 의견을 듣지 않고 자기 고집대로 한다.'라는 뜻이다.

유래

조우와 장탕은 황제 한경제의 신임을 받고 태중대부가 되어 나라의 각종 법규를 제정하는 중책을 맡았다.

조우는 자신에게 매우 엄격한 관리였다. 그는 친구들이나 동료들의 뜻에 따라 우왕좌왕하는 일이 없었고, 모든 일을 나라의 규정에 따라 집행했다.

태중대부가 된 후 그는 자신이 짊어진 책임이 막중하다는 것을 통감하고 인간관계로부터 생기는 복잡함을 피하기 위해 손님접대를 그만두었다. 명절 때나 기쁜 일이 있을 때면 다른 관리들은 친구들을 만나 한담을 했지만 그는 조정의 비밀이 새나가는 것을 막기 위해 사적으로는 관리들과 내왕하지 않았다.

조우는 원래부터 박식하고 언변이 좋아서 그가 술좌석에 있으면 좌중의 모든 사람들이 모두 기뻐했다.

그런 조우가 태중대부가 된 후 친구들과 내왕하지 않고 술좌석에 참석하지 않자, 그의 친구들은 허전함을 금치 못했다. 어떤 친구들은 그가 높은 벼슬을 가졌다는 이유로 친구들을 깔보는 것이라고 섭섭해하기도 했다.

가까운 친구들은 다른 사람의 미움을 사지 말 것을 조우에게 권고했지만 그는 웃음으로 흘려보냈다.

공경대부는 조우의 이런 인품을 내심 존경했다. 그는 늘 사람을 보내 자기 집으로 조우를 초대했지만 조우는 사의를 표할 뿐, 한 번도 공경대부의 댁을 방문하지 않았다.

처음에 친구들은 그를 많이 오해했지만 시간이 흐름에 따라 친구들은 점차 나라에 충성하는 조우의 이런 마음을 알게 되어 그를 믿고 존중해주었다.

한편, 다른 태중대부였던 장탕은 조우와 정반대였다. 그는 잔인하고 탐욕스러운 사람이었으며, 널리 친구를 사귀었다. 그는 자신에게 이득이 된다고 생각하면 그 사람의 인품을 가리지 않고 가까이 했다.

장안성의 돈 있는 부자들은 장탕의 노여움을 샀다가 큰 변을 당할까 두려워 늘 장탕에게 뇌물을 바쳤다.

얼마 후 장탕은 한경제와 재상에게 간언을 많이 한 덕분에 관직이 더 올라가 '어사대부'라는 벼슬을 갖게 되었다.

어느 날 흉노족의 외교 정책 문제를 토론하게 되었는데, 당시 박사였던 적산은 한경제에게 화친 정책을 취할 것을 권고했다. 그 이유는 흉노의 세력이 너무 강하기 때문에 흉노족과 대항해봤자 손실만 크기 때문이었다.

그러자 적산은 "장탕은 보기에는 나라에 충성하는 것 같지만 사실은 간신에 불과하다."라고 가차 없이 질책했다.

한경제가 적산에게 "하나의 군郡을 지켜낼 수 있는가?"라고 묻자, 적산은 지켜낼 자신이 없다고 대답했고, "하나의 현縣을 지켜낼 수 있는가?"라고 묻자 적산은 그래도 자신이 없다고 대답했다.

결국 적산은 전사하고 말았다.

이 일이 있은 후 장탕은 더욱 황제의 신임을 얻었지만 날이 갈수록 문무백관들의 원한을 사게 되었다.

얼마 지나지 않아 장탕은 황제의 의심을 사게 되었는데, 한경제는 조우를 시켜 그를 문초하게 했다.

조우는 장탕의 모든 악행을 낱낱이 열거했는데, 장탕은 자신의 모든 악행이 드러나자 더 이상 발뺌할 수 없음을 깨닫고 자살했다.

'일의고행一意孤行'이라는 고사성어는 바로 이 이야기에서 유래했으며, '남의 의견을 듣지 않고 자기 고집대로만 하는 것'을 비유한 말이다.

068

일자천금一字千金

글자 풀이

하나 일一, yī, 글자 자字, zì, 일천 천千, qiān, 쇠 금金, jīn

뜻 풀이

'글자 한 자가 천금이다.'라는 뜻이다.

유래

『시품詩品』은 남북조시대 양梁나라 종영鐘嶸이 지은 책이다. 『시품』
에는 '한 편의 명문장은 한 글자도 많거나 적어서는 안 된다.'라는
뜻이 담긴 구절이 있는데, 이와 관련하여 다음과 같은 이야기가 전
해지고 있다.

전국시대 '여불위呂不韋'라고 하는 상인이 전무후무한 '거래'를 했
던 적이 있다. 그는 조나라에 볼모로 잡혀 있는 진秦나라 왕자 자초子
楚을 구하기 위해 자신의 돈을 아낌없이 내놓았다. 또 자초를 진나라
로 돌려보낸 후 왕위에 오르게 하기 위해 많은 노력을 기울였다.

자초는 왕이 된 후, 여불위의 은혜를 잊지 않고 고위 관직을 내려줬다. 상인에서 높은 관직에까지 오른 여불위는 신분으로 따지면 많은 사람들의 부러움을 받을 만했지만 스스로도 백성들 마음속에서의 자신의 위치를 잘 알고 있었다. 조정의 관리들 역시 겉으로는 아무런 내색도 하지 않았지만 속으로는 여불위에 대한 불만이 많았다. 여불위는 사람들을 탄복시킬 수 있는 좋은 방법을 찾기 시작했다. 하지만 뾰족한 수가 떠오르지 않자, 하루는 문객들을 불러놓고 상의를 했다.

어떤 사람은 여불위가 다른 나라를 멸망시키면 명망이 높아지게 될 것이라고 말했다. 이와 반대로 만약 싸움에서 이기지 못하면 오히려 독이 될 수 있다고 반박하는 사람도 있었다.

여불위가 말했다.

"군사를 이끌고 싸우는 것은 나의 장점이 아니다. 다른 방법은 없겠느냐?"

사람들은 다시 수군거리기 시작했다. 이때 한 문객이 말했다.

"공자가 학문이 깊다는 것은 모두 알고 있는 사실입니다. 그 이유는 바로 공자가 『춘추春秋』라는 책을 썼기 때문입니다. 손무孫武가 오나라의 대장군이 된 이유 역시 『손자병법孫子兵法』이라는 유명한 병서를 썼기 때문이 아니겠습니까? 제가 보기에는 책을 써서 이름을 널리 알리는 것이 좋은 방법이 아닐까 생각됩니다."

이 말을 들은 여불위는 매우 기뻐하며 문객들에게 책을 쓰라는 명

령을 내렸고, 마침내 『여씨춘추呂氏春秋』를 편찬했다.

여불위는 사람들에게 이 책을 알리기 위해 책의 내용을 베껴 함양성咸陽城의 성문에 붙이라는 명령을 내렸다. 그런 다음, '이 책에 쓰여 있는 문자 가운데서 한 글자를 보태거나, 한 글자를 줄이거나, 한 글자를 고치는 사람에게는 황금 천 냥을 상으로 줄 것이다.'라는 내용의 포고문을 붙였다.

오랜 시간이 지났지만 여불위의 권세가 두려워 누구하나 고치려고 나서지 못했다.

'일자천금一字千金'이라는 고사성어는 바로 이 이야기에서 유래했으며, '글자 한 자가 천금'이라는 뜻이다.

069

일전쌍조—箭雙雕

글자 풀이

하나 일―, yí, 화살 전箭, jiàn, 쌍 雙, shuāng, 독수리 조雕, diāo

뜻 풀이

'화살 한 대로 독수리 두 마리를 쏴 떨군다.'라는 말로, 원래는 '궁술이 뛰어남.'을 가리키는 말이었지만 오늘날에는 '한 가지 일을 하여 두 가지 목적에 도달함.'을 비유한 말이다.

'일석이조', '일거양득', '꿩 먹고 알 먹기', '일전쌍조'와 같은 말이다.

유래

당나라 태종太宗 이세민李世民의 재위 때, 6관六官을 장악하고 있던 황후 장손長孫 씨는 매우 현명한 사람이었다. 원래부터 자기의 특수한 신분을 남용하여 일가친척들에게 부당한 직위를 내주거나 이익을 챙겨주는 일이 없었기 때문에 태종의 각별한 총애를 받았다.

어느 날, 장손황후의 오라버니인 장손무기長孫無忌를 재상으로 임명할 생각을 갖고 있던 태종이 황후의 생각을 물었다.

장손황후는 "저의 오라버니는 심성이 바른 사람이기 때문에 나쁜 짓을 하는 자들을 절대 너그럽게 용서하지 않을 것이옵니다. 따라서 재상으로서의 도량이 부족하오니 그 관직은 어울리지 않을 것으로 생각되옵니다."라고 말한 후 당태종의 안색을 살피더니 계속 말을 이었다.

"또 폐하와 친척간이라는 이유만으로도 다른 사람들의 입에 오르내릴 수 있습니다. 세상에는 훌륭한 사람이 많은데 어찌 제 오라버니를 재상으로 임명하려고 하시옵니까?"

당태종은 아무런 사심도 없이 나라의 사직만을 생각하는 장손황후의 의견을 수용하기로 했다.

이 일은 결국 장손무기의 귀에까지 들어갔다. 장손무기는 황후의 평가가 매우 정확하다고 생각했고, 관원들은 모두 장손황후의 성품을 칭찬했다.

이 말을 전해들은 사람들은 장손황후의 가문이 유가 경전이나 도덕 규범을 이어서 전해 내려온 대단한 가문일 것이라고 생각해 왔지만 사실 장손황후의 부친인 장손성長孫晟은 매우 유명했던 장군이었다.

장손성은 유난히 활을 잘 쏘았다. 궁술이 뛰어난 소수 민족의 두령들조차 그의 재능에 감탄했다.

어느 날, 서북 소수 민족인 돌궐족의 수령 섭도攝圖가 북조北朝에

사람을 파견해 무제武帝 자문옹字文邕에게 공주를 시집보내달라고 하였다. 돌궐족과 잘 지내고 싶었던 자문옹은 섭도의 청을 받아들이고 공주에게 섭도와 혼인을 하도록 명했다. 먼 길을 떠나는 공주가 염려된 무제는 장손성을 파견해 공주를 호위하게 했다.

장손성은 공주를 무사히 돌궐까지 호송했다. 궁술이 뛰어난 장손성 장군이 무사히 공주를 모셔오자 섭도는 매우 기뻐했고, 그를 위해 연회를 베풀었다. 평소 장손성의 뛰어난 궁술을 직접 보고 싶었던 섭도가 사냥을 함께 하자고 제안하자 장손성 역시 기쁨을 감추지 못했다.

연회에서 장손성은 섭도와 우정을 나누며 궁술에 대해 논의했고,

이튿날 바로 사냥을 떠났다.

때마침 날씨는 매우 화창했다. 그때 독수리 두 마리가 하늘을 날고 있었다. 바로 이때라고 생각한 섭도는 활을 장손성의 손에 넘겨줬다. 경치에 푹 빠져있다 보니 미처 독수리를 발견하지 못했던 장손성은 섭도가 활을 넘겨주자 그 뜻을 알아차렸다. 장손성은 화살을 한 개만 받았다. 그리고는 독수리를 겨냥해 화살을 쏘았다. 그러자 한꺼번에 두 마리의 독수리가 땅에 떨어졌다. 화살은 정확하게 한 마리를 뚫고 다른 한 마리까지 명중했던 것이다.

이를 본 섭도는 놀라움을 감추지 못했다.

'일전쌍조—箭雙雕'라는 고사성어는 바로 이 이야기에서 유래했다. 이는 '화살 한 대로 독수리 두 마리를 쏴 떨군다.'라는 말로, 과거에는 '궁술이 뛰어남.'을 비유한 말로 사용했지만 오늘날에는 '한 가지 일을 하여 두 가지 목적에 도달함.'을 비유한 말로 사용한다.

070

작법자폐 作法自斃

글자 풀이

지을 작作, zuò, 법 법法, fǎ, 스스로 자自, zì, 넘어질 폐斃, bì

뜻 풀이

'자기가 만든 법에 자기가 죽다.'라는 뜻으로, '자기가 놓은 덫에 자기가 치이다.', '돌을 들어 자기 발등을 찍다.'라는 속담과 같은 의미다.

유래

상앙商鞅은 위나라 사람으로, 재상 공손좌公孫痤의 관아에서 가신家臣으로 있었다. 공손좌는 상앙을 몹시 신임하여 그를 위혜왕魏惠王에게 천거했지만 위혜왕은 받아들이지 않았다. 위나라에서 기회를 찾지 못한 상앙은 진秦나라의 효공孝公이 동쪽의 땅을 수복하기 위해 인재를 물색하고 있다는 소식을 듣고 진나라로 가서 효공을 알현했다.

상앙의 뛰어난 지략에 반한 효공이 그를 즉시 좌서장左庶長에 등용하고 부국강병의 변법을 모색하게 했다. 그렇게 제정된 법령이 바로 그 유명한 『상앙변법』이다. 상앙은 귀족 세력을 청산하고 군공軍功에 따른 작위와 녹봉제를 실시했지만 이는 하루아침에 권력과 녹봉을 잃은 귀족들의 불만을 사게 되었다.

변법이 시행된 지 한 해가 지나갈 무렵 태자의 스승이 법령을 어기는 일이 발생했다. 태자는 군주에게 이를 무마해줄 것을 간청했지만 상앙은 법에 따른 공정한 처벌을 요구했다. 이로 인해 상앙은 태자의 원한을 사게 되었다.

상앙변법이 시행되자 진나라는 국고가 넘쳐나고 군사력이 막강해졌다. 효공은 상앙에게 상商 땅의 15개 읍을 하사하고, 호를 '상군商君'이라고 했다.

기원전 338년, 효공이 죽고 아들 혜문왕이 즉위하자 그동안 상앙을 끌어내릴 기회만 엿보던 관리와 귀족들은 기다렸다는 듯이 상앙이 반역을 꾀한다는 소문을 퍼뜨려 그를 곤경에 빠뜨렸다. 상앙은 진나라를 떠나 위나라로 도주했다. 가까스로 진나라의 국경을 지나 관하에 도착한 상앙은 그만 문지기 군사에게 저지당하고 말았다.

"상군의 법에 따르면 날이 저문 후에는 출입이 불가하옵니다."

상앙을 알아보지 못한 군사가 말했다.

할 수 없이 한 여인숙을 찾아 문을 두드리니 주인이 나와 다음과 같이 말했다.

"신분이 확인되지 않은 손님을 재우면 상군의 법령에 따라 처벌을 받게 되오니 반드시 신분 확인을 해야겠습니다."

더는 갈 곳이 없게 된 상앙은 여인숙에서 나와 하늘을 바라보며 자신의 신세를 한탄했다.

"작법자폐作法自斃로구나. 내가 만든 법에 내가 피해를 입다니…."

그 후 상앙은 관문을 빠져나가 위나라로 도망갔지만 체포되어 진나라에 보내졌다. 진혜왕은 상앙을 잔혹한 거열형에 처하고, 그의 일가족을 모두 살해했다. 그러나 상앙의 변법만은 그대로 남아 향후 진나라의 6국 통일에 경제적·정치적 기반이 되었다.

'작법자폐作法自斃'라는 고사성어는 바로 이 이야기에서 유래했으며, '자기가 놓은 덫에 자기가 치이다.' 또는 '돌을 들어 자기 발등을 찍다.'라는 속담과 같은 뜻이다.

071

장수선무 長袖善舞

글자 풀이

길 장長, cháng, 소매 수袖, xiù, 착할 선善, shàn, 춤 무舞, wǔ

뜻 풀이

'소매가 길면 춤도 잘 춘다.'라는 뜻으로, '어떤 일을 함에 있어서 조건이 좋은 사람이 유리함.'을 비유한 말이다.

유래

어느 날, 진秦나라 소왕昭王이 문무백관들 앞에서 연신 탄식을 하며 근심어린 표정을 짓자, 대신 범저范雎가 소왕에게 다가가 조심스럽게 아뢰었다.

"군왕의 근심은 신하의 치욕이요, 군주의 치욕은 신하의 죄라고 했습니다. 어인 일로 이토록 수심에 잠겨 계시옵니까?"

소왕이 대답했다.

"초나라가 용맹한 장수들을 앞세워 진나라를 공격할까 두렵다.

우리 군은 백기 장군마저 잃었으니 강적을 두고 어찌 근심이 없으리오."

소왕이 전전긍긍하고 있다는 소식을 듣고, 연燕나라 모사 채택蔡澤이 진나라로 갔다. 진나라에 도착한 그는 연나라의 채택이라고 하는 사람은 말재주와 지략이 뛰어난 인재로, 향후 진나라 범저처럼 재상의 자리에 오를 것이라는 소문을 퍼뜨리고 다녔다.

이 소문은 범저의 귀에도 들어갔다. 하지만 범저는 매우 가소롭게 여기며 채택을 불러 거만하게 물었다. "자네가 재상의 자리를 탐낸다고 하던데, 사실이오?"

이에 채택이 대답했다. "옛글에 이르기를 성공했으면 한 자리에 오래 머물러 있지 말라고 했습니다. 과거의 상앙, 백기, 오기가 출처진퇴出處進退를 알았더라면 그와 같은 화를 당하지 않았겠지요." 때가 되었으니 자리에서 물러나라는 암시였다.

"지금 재상의 업적은 너무 커서 더 이상 업적을 세울 수 없을 것입니다. 만에 하나라도 진왕의 신뢰를 잃게 되면 참담한 결과를 맞게 될지도 모르는 일입니다. 만약 공께서 저를 재상으로 천거한다면 편안한 여생을 보낼 수 있지 않겠습니까?"

채택의 말에 일리가 있다고 판단한 범저는 소왕에게 중병을 핑계로 재상의 자리에서 물러나고, 대신 채택을 천거했다.

사마천은 이 두 사람을 하나의 열전에 기록하면서 다음과 같이 평가했다.

"『한비자』에 이르기를 '소매가 긴 옷을 입은 자는 춤을 잘 추고, 돈이 많은 자는 장사를 잘한다長袖善舞, 多錢善賈.'라고 하였는데 이 말은 참말이다. 범저와 채택은 그야말로 권모술수에 능한 변사辯士로다."

'장수선무長袖善舞'라는 고사성어는 바로 이 이야기에서 유래했다. 이는 '소매가 길면 춤도 잘 춘다.'라는 뜻으로, '어떤 일을 함에 있어서 조건이 좋은 사람이 유리함.'을 비유한 말이다.

072

전가통신錢可通神

글자 풀이

돈 전錢, qián, 옳을 가可, kě, 통할 통通, tōng, 귀신 신神, shén

뜻 풀이

'돈이 있으면 귀신도 부릴 수 있다.'라는 뜻으로 '돈이면 무엇이든 할 수 있음.'을 비유할 때 사용한다.

유래

정치를 다스리는 일에 정통하고 청렴결백한 인물로 널리 알려져 있던 당나라 장연상張延賞이 하남 부윤府尹 벼슬을 하고 있을 때였다. 한 번은 중대한 비리 사건으로 나라 안팎이 몹시 시끄러웠다. 그러나 이 사건에는 황족들을 비롯한 전직 고관과 많은 지방 관리가 연루되어 있었기 때문에 그 누구도 이를 파헤칠 엄두를 내지 못했다. 이에 백성들의 원성이 점점 높아지자, 장연상은 관리들을 모아 놓고 엄포를 놓았다.

"열흘 안에 이번 사건에 연루된 자들을 모조리 잡아 내 앞에 데려다 놓지 않으면 엄벌에 처할 것이다."

이때 한 부하가 나서며 말렸다.

"사건이 사건인지라 섣불리 행동하다간 모두의 목숨이 위험해질 수 있습니다. 수고를 아끼는 것이 좋을 듯싶습니다."

주위의 만류에도 장연상은 단호했다.

"임금의 녹을 먹는 자는 임금의 근심을 함께 해야 하고, 백성의 봉을 먹는 자는 백성의 마음을 달래주어야 한다는 말이 있다. 황족, 관리할 것 없이 모두 원칙대로 처리할 것이다."

명령이 내려진 다음 날이 되었다. 관청에 들어선 장연상은 책상 앞에 조그마한 첩자帖子 한 장과 3만 관貫의 돈이 놓여 있는 것을 보았다.

'대인께 3만 관을 바치오니 더는 이 사건을 추궁하지 말아주십시오.'

장연상은 버럭 화를 내며 첩자와 돈을 마룻바닥에 내팽개쳤다. 그런 다음, 수사에 더욱 박차를 가하라고 명령했다.

그러나 이튿날 장연상의 책상에는 또 한 장의 첩자가 올려졌다.

'5만 관을 드리겠으니 사건을 무마해주십시오.'

장연상은 대노했다.

"뇌물을 보낸 자를 하루속히 잡아오라. 일을 서둘러 닷새 안에 사건의 단서를 찾아와야 할 것이다."

셋째 날이 되었다. 이번에는 10만 관이었다. 장연상은 한참 동안 고민하더니 마침내 입을 열었다.

"이제 보니 오래전에 이미 해결된 일이었음을 미처 몰랐구나. 한 치의 의혹도 찾아볼 수 없으니 우리가 괜한 수고를 했군. 이제 그만 수사를 마쳐야겠다."

10만 관을 은밀히 전해 받은 장연상은 그렇게 사건을 흐지부지 종결시켰다.

훗날 한 부하가 그에게 그때 사건을 서둘러 종결시킨 이유를 묻자, 장연상은 조금도 부끄러운 기색이 없이 대답했다. "10만 관은 귀신도 매수할 수 있는 전가통신의 액수인데, 무슨 일인들 못하겠느

냐. 더욱이 거절했다가는 큰 화를 입을지도 모르는데, 목숨이라도
부지해야 할 것 아니겠느냐."

　'전가통신錢可通神'라는 고사성어는 바로 이 이야기에서 유래했다.
이는 '돈이 있으면 귀신과도 통할 수 있다.'라는 뜻으로, '돈이면 무
엇이든 할 수 있음.'을 비유한 말이다.

073

정위전해精衛塡海

글자 풀이

찧을 정精, jīng, 지킬 위衛, wèi, 메울 전塡, tián, 바다 해海, hǎi

뜻 풀이

'작은 새 정위精衛가 바다를 메우려 한다.'라는 뜻으로, '가망 없는 일에 힘을 들이거나 목적을 달성하기 위하여 온갖 고난을 무릅쓰고 노력함.'을 비유한 말이다.

유래

하夏나라 이전에는 국가가 형성되지 않았기 때문에 선양제로 등극한 제왕은 후세의 제왕에 비해 권력을 향유하지 못했다. 그들을 진정한 백성의 노복奴僕이라고 해도 과언이 아닐 만큼 안락함과 부귀영화를 누릴 특권은커녕 나라와 백성을 위해 열과 성을 다해야만 했다.

제왕의 아들들도 일반 백성들과 다를 바가 없었고, 태자나 공주와 같은 호칭들도 존재하지 않았다.

염제炎帝에게는 '정위精衛'라는 딸이 있었는데, 총명하고 낙관적이며 정의감이 넘쳤다. 하루는 정위가 마을 밖에서 친구들과 놀고 있을 때였다. 큰 아이가 작은 아이의 등에 올라타고 말타기를 하고 있었는데, 등을 내어준 작은 아이의 얼굴은 땀투성이가 된 채 지쳐 있었지만 큰 아이는 등에서 내려올 줄 몰랐다.

이를 본 정위가 다가가서 큰 아이를 훈계했다.

"힘이 있으면 이렇게 작은 아이를 괴롭히지 말고 곰이나 범을 잡아봐. 그러면 사람들이 널 영웅이라고 할 것이다. 빨리 내려오지 못할까."

그러자 작은 아이의 등에 타고 있던 큰 아이가 오만한 태도로 "난 바다 용왕의 아들이야. 감히 계집애 주제에 날 훈계해?"라고 소리질렀다.

"네가 바다 용왕의 아들이라고 해도 대단할 것이 없어. 난 염제의 딸이야. 다시 한 번 육지에 올라와 몹쓸 짓을 하면 나뭇가지에 매달고 땡볕에 말려 버릴 거야."

정위는 굴하지 않고 대답했다.

화가 치밀어 오른 바다 용왕의 아들이 정위를 때리려던 찰나, 정위가 먼저 발로 차 쓰러뜨렸다. 정위는 어릴 때부터 부친 염제를 따라 사냥과 무예를 배웠던 것이다. 정위의 공격에 바다 용왕의 아들은 꼬리를 내리고 슬그머니 바다로 돌아갔다.

며칠 후 친구들과 바다에서 신나게 놀고 있는 정위를 발견한 바다

용왕의 아들이 다가와 으름장을 놓았다.

"그날은 육지였기 때문에 너에게 패했지만 오늘은 네가 무슨 재주로 나를 당할지 두고 보겠다. 어서 항복하지 않으면 풍랑을 일으켜 널 익사시켜 버리겠다."

정위가 여전히 굴복하지 않자 바다 용왕의 아들은 화를 참지 못하고 바닷물을 휘젓더니 풍랑을 일으켰다. 정위는 허우적거리다 바다에 빠져 죽고 말았다.

정위는 죽고 난 후 빨간 깃과 흰 부리를 가진 새로 환생하여 자신의 목숨을 빼앗아간 바다를 메우기로 결심했다. 후세 사람들은 한 마리의 새가 나뭇가지와 돌멩이를 물어와 바다에 던지면서 "정위",

"정위"하고 우는 것을 보게 되었고, 이는 정위가 자신을 격려하는 것으로 여겼다고 한다.

'정위전해精衛塡海'라는 고사성어는 바로 이 이야기에서 유래했다. 이는 '작은 새 정위가 바다를 메우려 한다.'라는 뜻으로 '가망이 없는 일에 힘을 들이거나 목적을 달성하기 위하여 온갖 고난을 무릅쓰고 노력함.'을 비유한 말이다.

정저지와 井底之蛙

글자 풀이

우물 정井, jǐng, 밑 저底, dǐ, 갈 지之, zhī, 개구리 와蛙, wā

뜻 풀이

'우물 속의 개구리는 우물 테두리만 한 하늘밖에 알지 못한다.'라는 말로, '견문이 좁고 세상 물정에 어두우면서 자고자대自高自大, 스스로 자기를 치켜 세우며 잘난 체하고 교만함함.'을 비유한 말이다. '우물 안의 개구리', '정저와'라는 말을 사용하기도 한다.

유래

장자莊子는 "가을 전에 죽어가는 벌레에게 얼음에 대한 화제를 논하지 말라. 여름 벌레는 얼음을 본 적이 없으니 담론의 여지가 있겠는가?"라는 유명한 말을 남겼다.

『장자·추수』에 실려 있는 한 편의 우화는 생물이 환경의 제약을 받을 수밖에 없는 원리를 완곡하게 표현하고 있다.

옛날 매우 총명한 청개구리 한 마리가 버려진 작은 우물에서 살고 있었다. 개구리는 아무런 근심 없이 여유 있는 생활을 하고 있었다. 먹을거리는 풍성하고, 더욱이 자기를 해칠 자도 없으니 그야말로 행복한 생활이었다.

그러던 어느 날, 바다거북이 해안에 올라왔다. 바다거북은 바다 생활에 무미건조함을 느꼈고, 새로운 것에 대한 동경을 지니고 있었다. 바다거북은 육지를 다니면서 해안가에 있는 풍경을 감상했다. 곳곳에 울창한 수풀이 있고, 아름다운 꽃들이 향기를 풍기고 있었으며, 벌과 나비들이 그 속을 날아다니는가 하면, 새들은 즐겁게 지저귀고 있었다.

한참 동안 경치를 감상하고 있던 바다거북은 땅 위에 구멍이 나 있는 것을 보고, 그 안을 들여다보았다.

이때 우물 벽에 청개구리가 나타났다. 청개구리도 심심했던 차라 손님이 찾아온 것을 보고는 자신의 생활을 자랑하기 시작했다.

"이곳을 찾아주셔서 감사합니다. 제가 살고 있는 집을 소개할 기회를 얻게 된 것을 기쁘게 생각합니다. 먼저, 저의 집을 보세요. 매우 널찍하고, 안에는 맑은 물도 있습니다. 우물가에는 난간이 있어 몸을 단련할 수도 있습니다. 저는 매일 오르내리면서 운동을 합니다. 그 누구도 나를 방해하지 않습니다."

바다거북은 머리를 끄덕이면서 계속 이야기를 들어볼 의향이 있음을 밝혔다.

이에 신이 난 청개구리는 자랑을 계속했다.

"이런 것은 아무것도 아닙니다. 제일 신나는 것은 우물에서 수영을 하는 것인데, 수영을 하면 참 기분이 좋습니다. 또 우물 벽을 오르는 것도 매우 신나는 일입니다."

청개구리의 열정에 감동을 받은 바다거북은 우물 안에 들어가 보기로 마음먹었다. 우물에 들어가려는데 오른쪽 다리가 우물의 난간에 걸려 들어갈 수 없었다. 바다거북은 무척 아쉬워하면서 청개구리에게 물었다.

"당신은 바다를 본 적이 있나요? 일망무제一望無際, 아득히 멀어서 끝이 없음한 바다말입니다. 바다의 크기는 몇 만 리나 되고 그곳에는 수천, 수만 종의 고기들이 자유롭게 살고 있습니다. 가뭄이 9년간 지속되어도 바닷물은 전혀 줄어들지 않습니다. 이것이야말로 대단한 모습이 아닐까요?"

바다거북의 말을 들은 청개구리는 크게 놀랐다. 청개구리의 상식으로는 바다가 얼마나 큰지 상상도 되지 않았다. 그러나 청개구리가 확실하게 알고 있는 것은 9년의 가뭄이 아니라 1년만 가뭄이 들어도 우물이 말라 버린다는 것이었다. 청개구리는 자기의 식견이 너무 짧았음을 알고 창피한 나머지 우물 속으로 숨고 말았다.

'정저지와井底之蛙'라는 고사성어는 바로 이 이야기에서 유래했으며, '견문이 좁고 세상 물정에 어두우면서 자고자대自高自大함.'을 비유한 말이다.

조령모개朝令暮改

글자 풀이

아침 조朝, zhāo , 영 내릴 령令, lìng , 저물 모暮, mù , 고칠 개改, gǎi

뜻 풀이

'아침에 내린 명령을 저녁에 고친다.'라는 뜻으로, '정부의 명령이나 정책이 수시로 바뀜.'을 비유한 말이다.

유래

많은 역사학자들이 서한西漢 초 한나라 문제文帝와 경제景帝가 집권하던 문경文景 때를 태평성대를 이룬 왕조로 높이 평가한다. 그러나 역사 기록을 자세히 들여다보면 문제 초에 백성들의 생활은 결코 풍요롭지 못했음을 알 수 있다. 문제 역시 오늘날에 전해지는 것처럼 위대한 인물은 아니었다.

　다음은 『사기史記』에 나오는 이야기다.

　당시 흉노가 자주 북쪽 변방을 침범하여 약탈을 일삼은 까닭에 백성들의 생활은 말할 수 없을 정도로 피폐해졌다. 한번은 문제가 도성을 떠나 순행 길에 올랐다. 임금님 행렬이 다가오는 것을 본 한 백성이 급히 다리 밑으로 몸을 숨겼다. 한참 동안의 시간이 흘러 행렬이 다 지나갔을 것으로 생각하고 엉금엉금 기어나왔지만 마침 다리를 지나던 행렬과 마주치게 되었다. 갑자기 사람이 나타나자 겁을 먹은 마부가 고삐를 힘껏 잡아당겼다. 그러자 말이 앞발을 추켜세우며 울부짖더니 뒷걸음질쳤다. 그 바람에 문제를 태운 가마가 크게 요동쳤다. 호위무사가 재빨리 문제에게 다가가 무릎을 꿇고 아뢰었다.

"폐하, 사람이 갑자기 나타나는 바람에 가마가 흔들렸습니다."

문제는 조정 정위廷尉 장석張釋을 시켜 이 사건을 처리하도록 했다. 조사 결과 그 백성이 고의가 아니었음을 알게 된 장석은 문제에게 다음과 같이 말했다.

"폐하, 소신은 그 백성에게 벌금을 물리고 풀어주려고 합니다."

문제가 가당치 않다며 화를 내자, 장석이 말했다.

"나라의 법령에 따르면 부주의로 인한 행위에 대해서는 중벌을 내릴 수 없습니다. 단지 벌금형에 처할 뿐입니다. 법을 집행하는 사람이라면 더 더욱 이를 지키기 위해 노력해야 합니다. 만약, 폐하께서 사건이 벌어졌을 당시 그 자를 죽이라 명하셨다면 그렇게 했을 것입니다. 그러나 저에게 처리하라고 명하시고 나서 번복한다면 제 입장이 곤란해질 것 아닙니까?"

문제는 속으로 못마땅했지만 장석의 말대로 하는 수밖에 없었다.

　당시에는 제대로 된 법령이 없었고, 설사 정해진 법령이 있다고 하더라도 왕의 명령에 따라 수시로 바뀌었기 때문에 백성은 늘 불안 속에서 살았다. '조착鼂錯'이라는 사람은 이러한 사정을 알리기 위해 조정에 상소문을 올렸는데, 이 상소문 속에 '조령모개'라는 말이 나온다.

　'집집이 토지 백무百畝를 경작하여 얻은 수확량은 많아야 천 석에 지나지 않는다. 봄에 경작하고, 여름에 풀 뽑고, 가을에 수확하여 겨울에 저장하는 외에 관청을 수리하고 노역에 불려 나가는 등 백성은 쉴 날이 없다. 그들은 손님을 맞이하고 배웅해야 하며, 죽은 자를 조문하고 아이도 길러야 한다. 홍수와 가뭄의 재해도 서러운데, 세금이나 부역에 억눌려 살고 있다. 더욱이 아침에 내려진 영이 저녁에 바뀌니 고통스럽기 그지없다조령모개. 있는 사람은 좋은 물건도 반값에 내놓게 하고, 없는 사람은 돈을 빌려 원금과 이자를 물게 한다. 이로 인해 논밭과 집을 팔고 자손을 팔아 빚을 갚는 사람이 생겨난다.'

후세에 「논귀속소論貴粟蔬」라고 불리게 된 조착의 이 상소문은 문제로 하여금 상황의 심각성을 깨닫게 하는 계기가 되었다. 그 후로 문제는 백성을 위한 정책을 내놓고 백성의 생활을 개선하기 위해 노력한 것으로 알려졌다.

'조령모개朝令暮改'라는 고사성어는 바로 이 이야기에서 유래했으며, '정부의 명령이나 정책이 수시로 바뀜.'을 비유한 말이다.

조삼모사 朝三暮四

글자 풀이

아침 조朝, zhāo, 석 삼三, sān, 저물 모暮, mù, 넉 사四, sì

뜻 풀이

'잔꾀로써 사람을 놀리는 것'을 비유할 때 사용한다. 과거에는 '간사한 꾀로 남을 꾀어넘김.'을 비유한 말이었지만 오늘날에는 '변덕이 많음.'을 비유한 말로 사용한다. '간사한 꾀로 남을 농락하다.', '변덕이 많다.', '조삼모사' 등을 사용하기도 한다.

유래

전국시대의 철학자였던 장자는 그의 저서에 재미가 있으면서도 의미까지 깊은 수많은 우화 고사를 실었는데, 이 '조삼모사'도 그중 하나다.

이 고사의 내용은 다음과 같다.

옛날 송나라에 한 노인이 살았는데, 그는 집에서 원숭이를 길렀다. 시간이 흐르면서 노인의 집에는 원숭이가 점점 더 많아졌다. 원숭이는 움직이기를 좋아했고, 노인은 원숭이들을 돌보기 위해 많은 시간을 할애했다. 노인은 거의 매일같이 원숭이와 함께 있었기 때문에 원숭이들의 습성과 기질을 너무나 잘 알게 되었다. 그는 원숭이들이 내는 소리와 행동만 보고도 원숭이들의 생각을 알아낼 수 있었고, 원숭이들 또한 노인의 말을 알아들을 수 있었다.

한편, 원숭이를 기르기 위해서는 매일 엄청난 먹이를 제공해야 했는데, 노인은 식구들이 먹는 음식의 양을 줄일지언정 원숭이들의 식욕만은 만족시켜주었다. 그런데 원숭이의 숫자가 많아지면서 먹이가 점점 모자라게 되었다. 노인은 원숭이들이 하루에 먹는 먹이의 양을 제한하고 싶었지만 원숭이들의 성질을 잘 알고 있었으므로 그들이 나중에 자신을 따르지 않게 될까 걱정되었다. 그리하여 노인은 원숭이들과 의논을 하게 되었다. "지금 우리 집에 먹이가 얼마 남지 않았다. 그래서 오늘 이후부터는 매일 아침마다 너희들에게 도토리 세 알을 주고, 저녁에는 네 알을 주려고 하는데 너희들의 생각은 어떠하냐?"라고 물었다.

그 이전에는 원숭이 한 마리에게 매일 아침과 저녁에 모두 네 알의 도토리가 배당되었기 때문에 원숭이들은 먹이가 적어진 것을 알고는 괴상한 소리를 지르면서 화를 내기 시작했다. 그러자 노인은 상황이 심상치 않은 것을 깨닫고, 그들에게 먹이를 더 주겠다고 약속했고, 그제서야 원숭이들은 조용해졌다. 노인은 "그럼, 오늘 이후부터는 매일 아침마다 너희들에게 도토리 네 알을 주고, 저녁에는 세 알을 줄 것이다. 이렇게 하면 충분하겠지?"라고 말했다.

그러자 원숭이들은 아침에 배당되는 도토리가 세 알에서 다시 네 알이 된 것을 알고, 먹이가 늘어난 것이라 생각하여 모두 기뻐했다.

장자가 자신의 저서에 이 고사를 실은 이유는 노인이 원숭이를 우롱했던 속임수를 폭로하기 위한 것이다. 사실 도토리의 전체 숫자에는 조금도 변함 없고 단지 배분하는 방식이 조금 변하면서 원숭이들의 기분은 분노에서 기쁨으로 바뀔 수 있었다. 장자는 이 고사를 통해 누구나 실질적인 일을 중시해야 하며, 교묘한 말에 속임을 당해서는 안 된다는 것을 일깨우고자 했던 것이다.

'조삼모사朝三暮四'라는 고사성어는 바로 이 이야기에서 유래했으며, 과거에는 '간사한 꾀로 남을 꾀어넘김.'을 비유한 말이었지만 오늘날에는 '변덕이 많음.'을 비유한 말로 사용한다.

077

중지성성衆志成城

글자 풀이

무리 중衆, zhòng, 뜻 지志, zhì, 이룰 성成, chéng, 성 성城, chéng

뜻 풀이

'여러 사람이 뜻을 모으면 성을 지을 수 있다.'라는 뜻으로, '여러 사람이 하나같이 단결하면 당할 자가 없음.'을 비유한 말이다.

유래

기원전 524년, 주周나라 경왕景王이 고액의 동전을 주조하여 시중의 소액 동전을 대체하는 개혁안을 발표했다. 그러자 주나라 대부 단목공單穆公이 이를 반대하고 나섰다.

"주상전하, 백성들의 부담이 가중되오니 개혁안을 거두어 주시옵소서."

"어찌 그리 생각하시오?"

경왕이 묻자 단목공이 대답했다.

"관리들은 개혁안이 반포되기도 전에 미리 알고 소액 동전을 모조리 바꿔 버리거나 써 버리겠지요. 그렇게 되면 사실을 미처 알지 못하는 백성들만 손해를 보지 않겠습니까?"

"소수인의 희생이 따르지 않고서야 어찌 대업을 이루겠소?"

이미 마음을 굳힌 경왕은 단목공의 간언을 받아들이지 않았다.

과연 얼마 후 개혁이 시행되자 시중의 화폐는 하룻밤 사이에 무용지물로 전락하고 백성들은 도탄에 빠졌다. 경왕은 이 기회를 틈타 신하들에게 민간의 동전들을 거둬들여 큰 종鐘을 만들라고 명령했다.

이때 주나라 악사樂師 주구州鳩가 경왕에게 간언했다.

"주군께서 대종을 주조하신다고 들었습니다. 하지만 이에는 막대한 인력과 재력이 들 것으로 사료됩니다. 설령 만들어진다고 하더라도 청아한 소리를 낼 수 없을 것입니다."

경왕은 불쾌감을 드러내며 말했다.

"주나라 조정은 이 땅의 백성들을 위해 노고를 아끼지 않았소. 경의 말대로라면 백성들이 주나라 왕실에 조금이나마 힘을 보태는 것이 부당하다는 뜻이오? 남아도는 동전으로 주조하는 대종인데 어찌 재물이라고 표현할 수 있겠소? 과인이 마음먹은 일이니 그만 돌아가시오."

2년이 흘러 대종이 주조되었다. 경왕은 문무백관, 제후국의 군주와 사신들을 불러 화려한 준공식을 치렀다. 북소리와 징소리가 요란하고 궁녀들의 노랫가락과 춤사위로 한바탕 잔치가 벌어진 가운데

경왕은 대종 앞에 다가가 직접 타종했다. 장중하면서도 고운 종소리
가 긴 여운을 남기며 도성 전체에 울려 퍼졌고, 이를 지켜보던 사람
들은 연신 감탄을 금치 못했다.

"군주의 타종은 뭐가 달라도 다르단 말이야. 만마가 달리는 소리
처럼 듣기만 해도 소름 돋고 위엄이 느껴진단 말일세."

조정 대신들과 제후국 군주들은 이때가 기회다 싶어 삼황오제와
비견할 수 있는 군주는 대종을 주조한 경왕 뿐이라며 치켜세웠다.

마르지 않는 칭찬에 경왕은 금세 의기양양해졌다. 그러다가 문뜩
대종의 주조를 반대했던 악사 주구가 떠올라 다짜고짜 나무라는 투
로 물었다.

"경은 저 종이 절대로 멋진 소리를 낼 수 없다고 과인에게 호언장담하지 않았소? 설마 아직도 그렇게 생각하는 것은 아닐 테지?"

한참 동안 침묵하던 주구가 입을 열었다.

"소신이 말한 좋은 소리는 대종의 깊고 청아한 울림소리만 뜻하는 것이 아닙니다. 소신은 백성들이 들었을 때 기뻐하는 소리야말로 진정 고운 소리라고 생각합니다. 이 종은 백성의 피와 땀으로 만들어진 것이니 제아무리 좋은 소리이더라도 백성에게는 고통의 소리일 뿐입니다. 옛 글에 민중의 의지가 합쳐지면 견고한 성을 쌓고衆志成城, 민중의 입은 무쇠도 녹인다고 하지 않았던가요?"

이에 경왕은 그만 할 말을 잃고 말았다.

'중지성성衆志成城'이라는 고사성어는 바로 이 이야기에서 유래했다. 이는 '여러 사람의 뜻이 합쳐지면 금성철벽을 이룬다.'라는 뜻으로, '여러 사람이 하나같이 단결하면 당할 자가 없음.'을 비유한 말이다.

078

집사광익集思廣益

글자 풀이

모일 집集, jí, 생각 사思, sī, 넓을 광廣, guǎng, 더할 익益, yì

뜻 풀이

'생각을 모아 이익을 더한다.'라는 뜻으로, '여러 사람의 지혜를 모으면 더 큰 효과와 이익을 얻을 수 있음.'을 비유한 말이다.

유래

제갈량은 27세 되던 해에 유비를 보필하며 출사했다. 그 후 20년 동안 중원 일대를 통일하기 위해 모든 열정을 쏟아부었다. 제갈량은 한나라 왕실을 회복하고 중원을 평정하기 위해 여섯 차례나 직접 군대를 거느리고 출정했다.

북벌을 시작하기 전에는 돌발적인 습격을 당할까 우려하여 대군을 이끌고 호수를 건너 오지로 들어가 그곳에 사는 이민족들을 위로하며, 연맹 관계를 맺기도 했다. 이민족과의 갈등을 줄이기 위해 남만 지역의 왕인 맹획猛獲을 일곱 번 잡았다가 일곱 번 모두 풀어준 일화도 유명하다. 이에 감격한 맹획이 다시는 반란을 일으키지 않겠으니 필요하면 언제든지 불러달라고 눈물을 흘리며 맹세했다.

제갈량은 50세가 되던 해에 남부 지역을 평정하고, 얼마 후 위나라 공격에 나섰다. 제갈량은 출병을 앞두고 살아서 돌아오지 못할 것을 걱정해 촉蜀나라 후주後主인 유선劉禪에게 위, 촉, 오 삼국의 정세와 촉나라 군대의 전략이 담긴 상주문上奏文을 올렸다. 이 상주문에는 나라에 대한 충성과 백성을 걱정하는 제갈량의 진심이 구구절절 배어 있었다.

아무리 치밀한 작전이라 하더라도 예기치 못한 어려움이 닥치기 마련이듯, 첫 북벌에서 대장 마속馬謖의 어긋난 행동 때문에 가정街亭을 잃고 말았다.

두 번째 진창陳倉 전투에서는 식량이 바닥 나 제대로 된 싸움을 시작하기도 전에 패하여 퇴각했다. 포기할 수 없었던 제갈량은 다시 한 번 시도했지만 앞의 전투와 비슷한 원인으로 인해 공격을 멈출 수밖에 없었다.

제갈량은 통찰력이 뛰어나고 계획적이며 지혜롭기로 정평이 나 있었지만 결코 자만하거나 허세를 부리지 않았고 여러 관료의 의견을 기꺼이 받아들였다.

모든 일은 문무 대신들과 의논한 후에 결정했으며, 그에 따라 문고를 작성하고 반포했다. 그는 대신들의 어려움을 들어주고 해결해

주었으며 진실한 의견을 수렴하기 위해 "주군에 이익이 되는 의견은 널리 받아들이고 집사광익, 즉 많은 사람의 지혜를 모으고 정확한 의견을 얻기 위해 노력해야 한다."라는 내용의 서신을 쓰기도 했다.

그는 평소에도 문무백관들에게 다음과 같이 이야기했다.

"타인과의 논쟁을 피하고자 의견을 내놓기를 꺼린다면 군주의 눈과 귀가 어두워져 유익한 의견을 듣지 못하게 될 것이다. 이는 조정의 막심한 손해다. 우리는 동유재董幼宰를 따라 배워야 한다. 그가 정사를 돌보는 7년 동안 미흡한 점이 있으면 사람들이 주의를 돌릴 때까지 끊임없이 지적해 왔다. 그 횟수가 무려 10여 차례나 되었다. 우리가 동유재처럼 돌이켜 검토하는 자세를 갖는다면 잘못된 결정을 피해 갈 수 있을 것이다."

조정과 백성에게 도움이 되어야 좋은 대신이라 생각했던 제갈량은 많은 사람의 지혜에 눈과 귀를 기울이며 자신에 대해 엄격했다.

'집사광익集思廣益'이라는 고사성어는 바로 이 이야기에서 유래했으며, '여러 사람의 지혜를 모으면 더 큰 효과와 이익을 얻을 수 있음.'을 비유한 말이다.

천군만마千軍萬馬

글자 풀이

일천 천千, qiān, 군 군軍, jūn, 일만 만萬, wàn, 말 마馬, mǎ

뜻 풀이

'기세충천한 상태'를 비유한 말이다.

유래

진경지陳慶之는 남조南朝 때 양고조梁高祖 휘하에 있던 용맹한 장수다. 그는 신장이 8척이나 되고, 기골이 장대했으며, 얼굴에 수염까지 있어 위풍당당해 보였다.

진경지는 각지를 돌아다니며 많은 전쟁을 치렀고, 죽는 날까지 양나라를 위해 많은 공을 세웠다.

어느 날, 변경의 관문을 지키던 진경지는 북위 30만 대군의 침입을 받아 위험에 처하게 되었다.

당시 진경지의 군대는 7,000여 명에 불과했다. 적군의 기세에 눌린 진경지의 군사들은 온종일 불안에 떨었다. 만약 적들이 관문을 넘어 수도를 포함한 각 지역을 점령하면, 그들은 참혹하게 백성들을 유린할 것이 분명했다. 하지만 진경지는 태연함을 잃지 않았다. 평소와 마찬가지로 군사 계획을 논의했으며, 적들의 상황을 살필 때에도 두려움이란 찾아볼 수 없이 항상 웃음을 잃지 않았다. 진경지에게 좋은 방도가 있을 것이라고 믿게 된 군사들은 차츰 불안감을 떨쳐 버리게 되었다.

자신의 강대한 병력을 보고도 태연하게 관문을 지키는 진경지의 군대를 본 북위의 수령 또한 자꾸 의심이 들어 쉽게 경거망동하지 못했다.

진경지는 쌍방이 대치하고 있는 사이, 암암리에 적군의 병력 배치 상황을 파악하고, 적을 무찌를 수 있는 전략을 세웠다.

모든 준비를 마친 진경지는 군사들을 진영에 모아 놓고 작전에 대해 설명했다. 그런 다음, 식사 준비를 시키고 말에게도 여물을 충분히 먹이도록 했다. 어둠이 깃든 후에 작전을 시작할 것에 대비해 군사들에게 흰옷을 입게 했다.

진경지는 군사들을 모아 놓고 다음과 같이 말했다.

"나는 지금까지 수많은 전쟁을 치르는 동안 적은 병력으로 많은 병력을 이겼던 적이 한두 번이 아니다. 그동안 여러 장병들도 죽음을 두려워하지 않고, 서로 힘을 합쳐 전쟁터에서 큰 공을 세웠다. 적들이 우리를 눈에 든 가시로 여기고 있는 한, 이번 싸움은 피할 수 없다. 적들에게는 수만 명의 정예 기병이 있으니 평원에서의 작전은 우리한테 불리할 것이다. 그렇기 때문에 우선 적들의 포위망을 뚫은 후 신속히 적의 성을 점령해야 할 것이다. 특히 장수들은 앞장서서 군사들을 이끌도록 하라!"

진경지의 말을 들은 군사들은 목숨을 바쳐 싸울 것을 다짐했다.

어둠이 깃들자 흰옷 차림을 한 7,000여 명의 군사들이 북위 군대의 주둔지를 공격했다. 그들은 아무런 준비도 없었던 북위군의 포위망을 쉽게 뚫었다. 그리고 계획대로 적군의 병력이 부족했던 성지를 점령하여 1만여 명의 적들을 사살하고 대량의 군마와 식량을 얻었다. 이렇게 진경지 군대는 기동전의 방식으로 곳곳에서 적군을 소멸하고 단번에 몇 개의 성을 점령했다.

당시 북위 백성들은 진경지가 지휘한 군사들이 흰옷을 입고 전장에서 승승장구하는 모습을 보고 민요를 지어 그들을 찬양했다. 다음은 그중의 두 마디다.

名師大將莫自勞명사대장막자로
千軍萬馬避白袍천군만마피백포

더 이상의 장군이 있을소냐,
천군만마가 흰 도포를 피했다.

진경지의 군대는 마침내 전투에서 대승을 거두었고, 양고조는 진경지에게 큰 상을 내렸다고 한다.

이 이야기는 『남사 · 진경지전南史 · 陳慶之傳』에 수록되어 있다. '천군만마千軍萬馬'라는 고사성어는 바로 이 이야기에서 유래했으며, '기세가 충천한 상태'를 비유한 말이다.

080

천금매골千金買骨

글자 풀이

일천 천千, qiān, 쇠 금金, jīn, 살 매買, mǎi, 뼈 골骨, gǔ

뜻 풀이

'천금으로 말의 뼈를 사다.'라는 뜻으로, '애써 인재를 물색함.'을
비유한 말이다.

유래

전국시대 제齊, 초楚, 진晉, 연燕, 한漢, 조趙, 위魏의 일곱 제후국을
'전국 7웅七雄'이라고 불렀는데, 그중 연燕나라는 약소국으로 늘 주
변국들의 침략을 받았다. 기원전 312년, 연나라 소왕昭王은 즉위하
고 난 후, 부국강병을 고민했다.

　하루는 소왕이 모사 곽외郭隗를 불러 물었다. "외적의 침략을 받고
업신여김을 당하는 것은 연나라에 인재가 부족하기 때문이라고 생
각하오. 천하의 재주가 뛰어난 이들을 모두 연나라에 불러들여 재능

을 펼치게 하고 싶은데, 자네한테 뾰족한 수가 있다면 말해보게."

소왕의 물음에 곽외는 한동안 말없이 깊은 생각에 잠기더니 소왕에게 다음과 같은 이야기를 들려주었다.

"옛날 천리마를 무척 좋아하던 한 임금이 있었습니다. 그는 천금을 걸고 천리마를 구하려 했지요. 그러나 시간이 흘러도 천리마를 구경조차 하지 못한 임금은 몹시 상심했습니다. 3년이 지난 어느 날, 한 충신이 천리마를 구해 오겠다며 선뜻 나서자 감격한 임금이 그에게 천금을 주며 천리마를 구해 오게 했습니다. 신하는 임금의 성대한 환송을 받으며 도읍을 출발하여 천리마를 찾아 전국 방방곡곡을 누볐습니다. 천신만고 끝에 천리마가 있는 곳을 알아내고 한달음에 달려갔지만 애석하게도 이미 천리마는 죽어 버렸습니다. 이때 머릿속에 좋은 생각이 떠오른 신하는 오백금을 주고 죽은 천리마의 뼈를 사갖고 돌아와 임금에게 바쳤습니다."

"그래서 어찌 됐는가?" 흥미진진하게 듣고 있던 소왕이 다그쳐 물었다.

"뼈만 들고 나타나니 임금은 당황했겠지요. 임금은 크게 화를 내며 신하에게 말했습니다. '이것이 바로 오백금을 주고 사온 천리마란 말이냐? 설사 천리마의 뼈라 하더라도 짐의 눈에는 고작 두 냥의 값어치 뿐이다. 짐이 갖고 싶은 것은 말의 뼈가 아니라 살아 있는 천리마란 말이다!'

이에 신하가 '맞습니다. 천리마의 뼈는 무용지물이지만 거금을 들여 애써 구해 온 데는 그럴 만한 이유가 있습니다. 그것은 바로 천리마에 대한 전하의 사랑을 천하에 알리기 위함입니다. 전하께서 천리마라면 그 뼈조차 오백금을 주고 구한다는 사실이 알려졌으니 이제 머지않아 사람들이 천리마를 끌고 나타날 것입니다. 전하께서는 그저 앉아서 기다리기만 하면 됩니다.' 하고 말했습니다. 며칠이 지나자 과연 신하의 말대로 천리마 세 필이 들어왔다고 합니다.

임금께서 진정으로 뛰어난 인재를 구하려 하신다면 먼저 소인 곽외부터 들이십시오. 소인과 같이 별 볼 일 없는 사람도 예우를 받는다는 소문이 퍼지면 장담컨대 천하의 박학다식한 이들이 천리 길을 마다않고 모여들 것입니다."

그리하여 연소왕은 곽외를 위한 궁전을 짓고, 그를 스승으로 예우하며 극진하게 대했다. 곽외가 궁궐에서 호사를 한다는 소문이 전국에 퍼지자, 천하의 인재들이 앞다투어 연나라에 몰려왔다.

전국시대의 모사로 명망 높은 추연鄒淵과 극신劇辛도 이때 연나라로 왔고, 위나라 사신으로 연나라에 잠깐 머물렀던 악의도 소왕의 권고로 연나라에 남았다. 연소왕은 악의에게 아경亞卿, 상경다음가는높은벼슬의 벼슬을 주었다.

훗날 악의가 통솔하는 연나라 군대가 숱한 전쟁에서 승리하면서 연나라는 점차 강국으로 성장했다.

'천금매골千金買骨'이라는 고사성어는 바로 이 이야기에서 유래했으며, '애써 인재를 물색함.'을 비유한 말이다.

081

천변만화千變萬化

글자 풀이

일천 천千, qiān, 변할 변變, biàn, 일만 만萬, wàn 될 화化, huà

뜻 풀이

'변화무쌍하다.', '변덕스럽다.'라는 뜻이다.

유래

주목왕周穆王은 유난히 세상 구경을 즐겼다고 한다. 그는 항상 말 여덟 필이 함께 끄는 마차에 앉아 유람을 다녔는데, 그 마차는 하루에 8,000리를 달릴 수 있었다고 한다. 가장 멀리로는 서왕모西王母의 초청을 받고 요지瑤池 성회에까지 다녀온 적도 있었다.

　어느 날, 곤륜산昆侖山에서 약산龠山으로 돌아오는 도중에 주목왕은 한 사람이 들려주는 이야기에 귀가 솔깃해졌다. 부근에 '언사偃師'라고 하는 손재주가 매우 뛰어난 사람이 있는데, 그가 만든 동물은 달릴 수 있을 뿐만 아니라 소리도 낼 수 있다는 것이었다. 믿기지 않

앗던 주목왕은 눈으로 직접 확인하고 싶었다.

주목왕은 언사를 불러놓고 다음과 같이 말했다.

"네 솜씨가 뛰어나 여러 가지 정교한 물건들을 만들 줄 안다고 들었다. 나한테 직접 보여줄 수 있겠느냐?"

언사가 대답했다.

"그렇사옵니다. 소인은 남들의 흥미를 자아내는 여러 가지 물건들을 만들어 낼 수 있사옵니다. 지금 당장 보여드리겠나이다."

주목왕이 대뜸 몇 가지 물건들을 만들어 내일 갖고 오라고 말했다.

이튿날 언사는 나무로 조각하여 만든 인형들을 들고 주목왕을 찾아왔다. 언사가 만든 나무인형들은 오관이 단정하고 눈썹까지 진짜 사람과 별 차이가 없었다. 그의 솜씨에 놀란 주목왕은 언사에게 물었다.

"네가 만든 나무인형들은 움직일 수 있느냐?"

언사는 땅바닥에 무릎을 꿇고 대답했다.

"대왕님, 이 나무인형들은 움직일 수 있을 뿐만 아니라 춤을 출 수도 있사옵니다."

흥미를 느낀 주목왕은 빨리 보여달라고 재촉했다.

언사는 북소리로 나무인형의 동작을 지휘하겠다고 말하며 북을 꺼냈다.

북소리가 울리자 나무인형들은 리듬에 맞춰 대열을 짓더니 질서 있게 공격, 방어, 후퇴, 심지어 매복 동작까지 취했다. 주목왕은 기분이 매우 좋아졌다.

혼자만 즐기는 것이 아깝다는 생각이 든 주목왕은 후궁들을 불러오게 했다.

언사는 주목왕이 후궁들까지 불러놓고 구경하려 하자, "방금 전에 보여드린 동작은 마마님들이 구경하시기에는 적합하지 않다고 생각되어 이번에는 춤사위로 바꿔볼까 하옵니다."라고 말했다.

언사가 생황과 퉁소를 불자 주목왕과 후궁들은 구성진 퉁소 소리에 흠뻑 도취되었다. 이어 언사의 리듬에 따라 나무인형들이 춤을 추기 시작했다.

후궁들의 아름다운 모습에 반한 그중의 한 나무인형이 여러 번 후궁들에게 추파를 던지는 모습이 주목왕의 눈에 띄자, 화가 난 주목왕은 그 나무인형을 죽이라고 명했다.

그러자 언사는 다급히 주목왕의 부하를 말리며 손으로 나무인형을 뜯어냈다. 나무인형은 가죽과 나무 등 간단한 재료로 만들어진 것이었다.

주목왕은 "하하, 정말로 천변만화로구나!"라고 말하며 크게 웃었다.

'천변만화千變萬化'라는 고사성어는 바로 이 이야기에서 유래했으며, '변화무쌍하다.'라는 뜻이다.

082

천의무봉 天衣無縫

글자 풀이

하늘 천天, tiān, 옷 의衣, yī, 없을 무無, wú, 꿰맬 봉縫, fèng

뜻 풀이

'선녀가 입은 옷은 바느질하여 만든 것이 아니기 때문에 옷솔기가 없다.'라는 뜻으로, '완전무결하고 흠잡을 데 없는 사물'을 비유하거나 '아무런 흔적이나 결함이 없음.'을 비유한 말이다.

유래

옛날 '곽한'이라는 선비는 시문에 능했을 뿐만 아니라 악기와 바둑, 서예, 그림 등에도 조예가 깊었다. 더욱이 곽한은 우스갯소리를 곧잘 하곤 했다.

어느 여름날 밤, 곽한이 나무 아래에서 창공명월을 바라보고 있노라니 달이 휘영청 밝은 하늘에서 구름들이 어울리고, 땅에서는 서늘한 바람이 불어왔다. 곽한이 시흥이 올라 시를 한 수 읊으려는 찰나,

아리따운 선녀가 불현듯 나타났다.

깜짝 놀란 선비가 예를 갖추어 어디에서 온 누구냐고 물었다.

선녀는 얼굴을 붉히며 "저는 하늘에서 온 직녀입니다."라고 대답했다.

곽한이 물었다.

"하늘나라에서 오셨다니 그곳의 일들을 말해줄 수 있나요?"

선녀가 물었다.

"선비님께서는 뭘 알고 싶으신 건가요?"

이에 곽한은 모든 것을 알고 싶다고 말했다.

선녀는 미소를 지으면서 "무엇부터 말해야 할지 잘 모르겠네요."라고 대답했다.

몇 마디 말이 오가고 분위기가 부드러워지자, 곽한은 웃음을 짓고 농담조로 말했다.

"신선들은 다 총명하다고 하니 아무런 내용이나 말해주셔도 될 것 같습니다."

이에 선녀가 다음과 같은 이야기를 들려주었다.

"하늘나라는 사계절이 모두 봄과 같아, 여름에는 무더위가 없고 겨울에는 혹한이 없답니다. 나무가 사시장철 푸르고, 꽃이 지지 않습니다. 또 새들이 나뭇가지에 앉아 즐겁게 지저귀고, 물에서는 물고기가 노니는 것이 보입니다. 전쟁도, 질병도, 세금도 없습니다. 다시 말해 인간 세상의 모든 고초가 하늘나라에는 없다고 보시면 됩

니다."

선녀의 설명을 듣고 난 곽한이 의아한 표정으로 물었다.

"하늘나라가 그렇게 좋은데 선녀는 왜 인간 세상에 오신 건가요?"

이에 선녀가 말했다.

"글을 읽으신 선비님이 모를 리가 없을 텐데요. 선비님들의 조상인 장자가 '난초꽃이 만발한 집에만 오래 있다 보면 그 향기를 느낄수가 없다.'라고 하셨잖아요? 하늘나라에 오래 있다 보면 고독한 마음이 생기기 마련입니다. 지금은 인간 세상에 놀러 온 거예요."

선녀의 말에 일리가 있다고 생각한 곽한이 다시 물었다.

"제가 알기로 선녀님은 견우한테 시집을 갔다가 후에 서왕모의 노여움을 사서 지금은 1년에 한 번씩만 낭군님을 만날 수 있다고 하던데 정말 그런가요?"

이 말을 들은 선녀가 웃으면서 말했다.

"인간 세상에 어떻게 그런 허망한 이야기가 전해졌는지 모르겠어요. 하늘에 있는 금우성견우이 저하고는 몇 만 리나 떨어져 있어서 그분을 만나 뵌 적이 없는데, 우리가 결혼을 했다니 정말 어처구니없는 일이에요. 모두 거짓말이라고 생각하시면 돼요."

곽한은 다시 물어보았다.

"하늘에는 신기한 약이 있어서, 인간이 그 약을 먹으면 영원히 살 수 있다고 하던데 어디에 있는지 아시는지요?"

선녀는 그런 약이 인간 세상에는 없지만 하늘나라에는 얼마든지 있다고 대답했다.

곽한은 아쉽다는 표정을 지으며 말했다.

"하늘에 그렇게 많다는데 오실 때 갖고 오셔서 우리들이 맛이라도 볼 수 있었으면 얼마나 좋겠습니까?"

이에 선녀가 정색하며 말했다.

"하늘나라의 물건을 인간 세상에 갖고 오면 그 영기를 잃게 되기 때문에 가져올 수 없습니다. 그렇지 않다면 진나라 시황이나 한나라 무제가 벌써 그 약을 먹었겠지요."

선녀의 말을 이상하게 여긴 곽한은 시비조로 말했다.

"당신이 하늘나라에서 왔다고 했는데 그 사실을 어떻게 믿지요?"

선녀는 곽한이 자신을 의심한다는 것을 알고는 곽한에게 자신의 옷을 살펴보라고 했다. 선비가 자세히 살펴보니 선녀의 옷은 이음새와 꿰맨자리가 전혀 없었다.

곽한이 이상하게 여기자, 선녀가 말했다.

"이상한가요? 하늘나라의 옷은 옷솔기가 없다는 말도 모르시는군요. 그러고도 선비 행세를 하시다니 당신은 바보로군요."

이 말을 끝으로 선녀는 모습을 감추었다.

'천의무봉天衣無縫'이라는 고사성어는 바로 이 이야기에서 유래했다. 과거에는 '옷을 잘 만듦.'을 비유한 말이었지만 오늘날에는 '문장이 완전무결함.'을 비유한 말로 사용한다. 원래의 뜻과 크게 달라진 셈이다.

083

초요과시 招搖過市

글자 풀이

부를 초招, zhāo, 흔들릴 요搖, yáo, 지날 과過, guò, 저자 시市, shì

뜻 풀이

'남의 이목을 끌기 위해 요란하게 거들먹거리며 저잣거리를 지나간다.'라는 뜻으로, '허풍을 떨며 요란하게 사람의 이목을 끄는 것'을 비유한 말이다.

유래

공자는 56세에 노나라의 대사구大司寇 벼슬을 지내면서 형옥刑獄과 규찰 등의 업무를 맡았다. 그가 조정에 참여하여 국정을 맡은 지 3개월 만에 혼란에 빠졌던 노나라가 점차 안정을 되찾게 되었다. 도적질과 사기로 어지러웠던 나라는 질서가 잡혔고, 사람들은 서로 신임하고 남녀가 서로 예의를 갖추었다. 사람들은 길에 떨어진 물건도 줍지 않았다.

이웃 제齊나라는 노나라가 강대해지는 것을 몹시 두려워했다. 점점 강성해지는 노나라에 대응할 계략을 모색하던 중, 한 대부가 말했다.

"노나라가 공자를 중용했으니 앞으로 반드시 패자국으로 군림할 것이오. 그렇게 되면 가장 가까이에 있는 제나라가 위태롭게 될 터인데 노나라에 미리 땅을 바쳐 존중과 우호를 표하는 것이 좋을 듯싶소."

그러자 대부 여약이 나서더니 "노나라가 강대해지는 것을 저지하는 것도 하나의 방법이라고 사료되오. 불가능하면 그때 가서 땅을 바쳐도 늦지 않을 것이오."라고 제안했다.

제나라는 여색을 탐하고 탐욕스럽기로 소문난 노나라 정공定公을 유혹하여 공자를 곤경에 빠뜨릴 계획을 세웠다. 제나라는 전국적으로 미모가 뛰어난 여인 80명을 선발하여 화려한 옷을 입히고, 강락康樂곡에 맞춘 춤을 가르친 후 명마 120필과 함께 노나라로 보냈다. 노나라 도성 밖에 명마들을 줄 세워 놓고 미녀들을 춤추게 하자, 노나라의 대부 계환자季桓子는 지방을 유람한다는 핑계로 매일같이 궐 밖에 나가 이를 구경했다. 계환자는 결국 참지 못하고 정공에게 이를 알렸다. 그리하여 정공은 제나라의 여자 악단을 궁 안으로 들이고 명마도 접수했다. 그 후로 정공과 계환자는 함께 여자 악단의 공연을 감상하느라 사흘 동안 조회를 폐했고, 정공은 공자를 만나주지도 않았다.

공자의 제자 자로가 매우 분개하면서 공자에게 말했다.

"스승께서 이 나라를 떠나야 할 때가 온 것 같습니다."

정공이 여색과 노래에 빠져 정사를 게을리하는 것에 불만을 품은 공자는 관직을 내놓고 위나라로 떠났다.

공자가 위나라에 도착하자 위나라 군주 위령공의 부인인 남자南子가 사람을 보내 만나고 싶다는 말을 전했다. 남자는 위나라의 국정을 좌지우지할 만큼 총명했지만 행실이 단정하지 못하기로 악명이 높았다. 그 때문에 공자는 남자를 만나는 것을 꺼렸지만 기필코 공자를 봐야겠다는 남자의 청을 더 이상 거절할 수 없었다. 궐에 들어간 공자는 남자를 향해 절을 하고는 급히 그곳을 떠났다.

제자 자로가 이 사실을 알고 그런 자리에 가서는 안 되는 것이었다고 하면서 스승을 원망했다. 이에 다급해진 공자가 말했다.

"만약, 내가 그녀와 무슨 일이라도 있었다면, 하늘이 벌을 내릴 것이야."

한 달이 지나 위령공과 남자가 수레를 타고 환관 용도의 호위를 받으며 궐 밖으로 유람을 나갔다. 그리고 공자를 두 번째 수레에 억지로 타게 해 사람들의 이목을 끌려고 했다. 그들은 잔뜩 뽐내며 거리를 지나갔다초요과시. 공자는 이에 크게 반감을 가져 결국 위나라를 떠나고 말았다.

이 이야기는 『사기·공자세가史記·孔子世家』에 수록되어 있다. '초요과시招搖過市'라는 고사성어는 바로 이 이야기에서 유래했으며, '사람들 앞에서 고의로 허세를 부리며 자기를 나타내고, 사람들의 주목을 이끄는 것'을 비유한 말이다.

084

추심치복 推心置腹

글자 풀이

밀 추推, tuī, 마음 심心, xīn, 둘 치置, zhì, 배 복腹, fù

뜻 풀이

'남을 믿고 진심과 성의를 다해 상대방을 대함.'을 비유한 말이다.

유래

동한東漢 광무제의 자는 문숙文淑, 이름은 유수劉秀이며, 한나라 고조高祖 유방劉邦의 9세손이다. 유수는 9세에 부모를 여의고 숙부인 유양의 손에서 자라났다. 『상서尚書』를 정통했지만 정작 학문보다는 농작물에 관심이 많았던 유수는 진중하고 고지식한 성격의 소유자로 평소 일상생활에서도 법규를 어기는 일이 별로 없었다. 반대로 그의 형 유백승劉伯升은 성격이 호방하고 용감하여 관내외의 영웅호걸들과 친하게 지냈다.

8년에 왕망王莽이 한나라를 멸망시키고 신나라를 세웠다. 서기 19

년이 되던 해에 수재, 한재, 황재메뚜기로 인한 곡식 재해가 잇달아 중원 일대를 덮치는 일이 발생했는데, 그중 자연재해의 피해 정도와 세역의 부담이 가장 컸던 남양 일대에서는 왕망의 정권에 반대하는 농민 무장 봉기가 일어났다.

유수 형제는 이 봉기에 가담하여 왕망 정권에 반기를 든 농민들을 격려했다. 23년, 봉기군에 의해 유현柳玄이 한나라 왕으로 추대되고, 연호를 경시更始로 했다. 대상편장군大常偏將軍에 봉해진 유수는 8,000여 명의 용사들을 이끌고 곤양, 정릉, 언성 등의 정벌에 나서게 되었다.

이 소식은 왕망의 분노를 자아냈다. 왕망은 즉시 대사공 왕읍王邑, 대사마 왕심王尋에게 유수군을 물리치고 곤양을 수복하라고 명령하였는데, 이때 동원된 군사만 무려 100만 명에 달했다. 휘날리는 깃발이 천 리를 뒤덮은 가운데 호랑이, 표범, 코끼리 등 맹수를 탄 맹장들을 앞세워 곤양昆陽으로 진군하는 대군의 모습은 그야말로 살기등등했다.

이에 비해 유수의 군사는 고작 1,000명에 불과했기 때문에 왕망의 기세에 당황한 유수는 즉각 곤양에서의 후퇴를 명령했다. 이때 한 수하 장군이 수백 리를 뒤덮은 적군의 부대가 성북에까지 이르렀다고 전해 왔다. 겁에 질린 장군들은 유수에게 서둘러 계책을 세워달라고 요청했고, 급기야 유수가 직접 13기의 기병들을 이끌고 언현, 정릉으로 가서 지원군을 소집했다. 그곳에서 정예 군사 1,000여 명

을 얻은 유수는 곧바로 왕망의 군영으로 가서 선제공격을 가했다. 왕망이 1,000명의 군사를 보내 막아보았지만 말에 박차를 가하며 무섭게 달려드는 유수군의 기습을 막아 내지 못했다.

한편, 유수의 형 유백승은 이미 완성宛城을 수복했다. 유백승은 유수에게 지원군을 보낸다는 내용의 거짓 서신을 꾸며 왕망의 손에 들어가도록 했다. 유백승의 계책에 빠져든 왕망이 불안에 떨고 있을 때, 유수는 적군의 지휘부를 기습했다. 무방비 상태였던 군영은 순식간에 초토화되었고, 유수군의 전략에 왕망의 주력 부대는 궤멸하고 말았다. 유수는 곤양 전투에서 적은 병력으로 100만 대군을 소탕하여 역사에 이름을 남겼다. 얼마 지나지 않아 유백승은 경시왕에게 살해되었지만 유수는 전쟁에서의 공을 인정받아 소왕蕭王에 봉해졌다. 유수는 이후에도 천하를 평정하고자 계속 정벌에 나섰다. 24년, 유수는 하북에서 일어난 농민 봉기를 진압하고 그 잔여 병력을 흡수하여 재편성했는데, 과거에 적이었던 장군들에게도 원래의 관직을 돌려주었다.

유수에게 살해될까 두려움에 떨던 투항군 장수들은 유수가 조금도 경계하지 않자 "성의껏 사람을 대하며 자신의 속마음을 사람들에게 내어주니추심치복 어찌 목숨을 걸고 싸우지 않을 수 있겠는가?"라며 충성을 맹세했다고 한다.

'추심치복推心置腹'이라는 고사성어는 바로 이 이야기에서 유래했으며, '남을 믿고, 진심과 성의를 다해 상대방을 대함.'을 비유한 말이다.

085

출이반이 出爾反爾

글자 풀이

날 출出,chū, 너 이爾,ěr, 돌이킬 반反,fǎn, 너 이爾,ěr

뜻 풀이

과거에는 '상대를 대하는 자세에 따라 그와 같은 대접을 받게 됨.'을 비유한 말이었지만 오늘날에는 '자기가 한 말 또는 일을 스스로 부인하는 변덕스러운 행위'를 비유한 말로 사용한다.

유래

전국시대의 두 약소국이었던 추鄒나라와 노魯나라가 전쟁을 하게 되었다. 추나라의 목공은 쌍방의 병력이 대등하므로 오랫동안 전쟁을 해야 우열을 가릴 수 있을 것이라고 생각했다.

그러나 전쟁이 시작되자마자 추나라는 장수 33명을 잃고 나머지 군사들도 모두 뿔뿔이 도망쳤다. 더욱이 홀로 적군과 맞서던 장군마저 노군에 의해 처참하게 살해당하면서 결국 참패하고 말았다.

싸움에서 진 목공은 대노했다. 아군의 장군이 살해되는 것을 보고도 목숨을 살리고자 도망간 군사들이 괘씸하기 이를 데 없었다.

목공은 맹자를 찾아가 그 이유를 물었다.

"이번 전쟁은 반드시 승리할 것으로 예상했소. 설령 패하더라도 이렇게 빨리 끝날 줄은 꿈에도 몰랐소. 그것도 이렇게 참혹하게 말이오. 전사한 장수만도 30여 명, 더욱 유감인 것은 장수들을 위해 죽은 군사가 단 한 명도 없다는 것이오. 도망간 자들을 모조리 잡아들여 사형에 처하고 싶지만 그러자니 그 수가 너무 많고 그냥 내버려두자니 앞으로 또다시 이와 같은 사태가 일어날까 두렵소. 이를 어쩌면 좋겠소?"

맹자가 대답했다.

"공자의 제자인 증자는 '출호이자出乎爾者 반호이자야反乎爾者也', 즉 '너에게서 나온 것은 반드시 너에게로 돌아온다.'라고 말했습니다."

"선생께서는 지금 과인을 탓하는 것이오?"

목공이 되물었다.

"제가 어찌 감히……."

맹자가 말을 이었다.

"대왕께서는 추나라에 기근이 들었던 해를 기억하시는지요? 천정부지로 치솟는 쌀값에 백성들은 굶어죽고 노약자의 시신이 황야에 나뒹굴어도 묻어주는 사람조차 없었습니다. 건장한 청년들은 사방

으로 흩어져 갈 곳을 잃었는데, 그 수가 수천 명이나 되었습니다. 그때 임금께서는 어디서 무엇을 하고 계셨습니까? 군주의 곳간에는 곡식이 가득 차고, 창고에는 재물이 넘쳤으며, 임금께서는 그 속에서 호의호식하지 않으셨습니까? 탐관오리들이 입을 닫고 혀를 감추고 있었으니 임금께서는 천하가 태평하다고만 여겼을 테지요. 백성의 고통에 무심하셨던 임금께서 이제 와서 백성들이 목숨 걸고 나라를 지키기를 바라는 것은 지나친 욕심입니다. 백성들은 오늘에야 복수의 기회를 만난 것이니 화살이 임금님의 옥체를 겨누지 않은 것만으로도 다행으로 생각하셔야 합니다. 그들을 탓하지 마십시오.”

“그렇다면 과인이 어찌해야 한단 말이오?”

목공이 묻자 맹자가 말했다.

"어진 정치를 베풀고 백성을 보살피면 그들도 자연히 윗사람을 공경할 것이며, 전쟁에서도 기꺼이 목숨을 내놓을 것입니다."

그제야 깨달음을 얻은 목공은 그 후 어진 정치를 펼쳐 추나라를 점차 강국으로 만들었다.

이 이야기는 『맹자·양혜왕 하孟子·梁惠王下』에 수록되어 있다. '출이반이出爾反爾'라는 고사성어는 바로 이 이야기에서 유래했다. 과거에는 '상대를 대하는 자세에 따라 그와 같은 대접을 받게 됨.'을 비유한 말이었지만 오늘날에는 '자기가 한 말 또는 일을 스스로 부인하는 변덕스러운 행위'를 비유한 말로 사용한다. 즉, '변덕을 부리다.', '이랬다저랬다 하다.'의 뜻으로 사용한다.

086

충언역이忠言逆耳

글자 풀이

충성 충忠, zhōng, 말씀 언言, yán, 거스를 역逆, nì, 귀 이耳, ěr

뜻 풀이

'바른말은 귀에 거슬린다.'라는 뜻으로, '바르게 타이르는 말일수록 듣기 싫음.'을 비유한 말이다.

유래

학식과 덕행이 높은 사람을 우리는 '군자'라고 부른다. 군자라면 타인의 꾸중을 받아들일 줄 알아야 하는데, 그렇지 못하고 이를 언짢게 생각하는 사람은 '군자'라고 말할 수 없다. 동서고금을 막론하고 군자라고 불릴 수 있는 사람은 사실 매우 적다. 그가 위인이라 하더라도 말이다.

진秦나라 말, 난세 속에서 5년 만에 천하를 통일하여 한나라를 세운 유방은 모두가 인정하는 위인이다. 그러나 이처럼 대업을 이룬 유방도 타인의 질책 앞에서는 약한 모습을 보였다고 한다.

유방이 대군을 거느리고 관중으로 쳐들어가자 진나라 황제가 투항하면서 진나라는 완전히 멸망했다. 함양에 진입한 유방은 웅장하고 호화로운 궁궐의 모습에 그만 넋을 잃고 말았다. 어여쁜 궁녀들과 산더미 같은 금은보화에 현혹된 유방은 이곳에서 태평성대를 누릴 생각에 기분이 황홀해졌다. 그 후로 유방은 궁녀들에 둘러싸여 전쟁은 까맣게 잊은 채 향락에 빠져 살았고, 좀처럼 궁궐을 떠나려고 하지 않았다.

어느 날 유방이 궁궐에서 낮잠을 자고 있는데, 이를 보다 못한 번쾌가 유방을 일으켜 세우며 못마땅한 어투로 출궁을 간했다.

"진나라는 진왕의 폭정과 방탕함 때문에 멸망했습니다. 패공께서 궁궐에 들어올 수 있었던 것도 진나라가 무도했던 탓입니다. 그렇지 않았다면 일개 현의 현령이었던 패공께서 어찌 이곳에 들어올 수 있었겠습니까? 지금 밖에서는 진나라를 차지하기 위한 제후들의 쟁탈전이 끊이질 않고 있습니다. 패공께서 낮잠이나 주무시고 궁녀들과 노닥거리고 있을 때가 아니라는 말씀입니다. 이러다간 얼마 지나지 않아 패공께서도 진나라 왕의 꼴을 면치 못할 것입니다."

번쾌의 무례함에 유방은 버럭 고함을 질렀다. "지금 이곳에서 내가 왕이고, 너는 나의 부하이다. 어찌 과인에게 그토록 무례하단 말이냐? 궁에 잠깐 머물면서 마음을 비우려고 했던 것뿐인데, 진나라 왕까지 들먹이며 과인을 모함하다니……. 나는 이곳에서 한 발도 나

가지 않겠다. 썩 물러가거라."

번쾌는 분노를 억누르며 군영으로 돌아왔다. 그는 유방이 가장 신임하는 모사 장량을 찾아가 자초지종을 설명하고, 유방을 설득해달라고 부탁했다. 그러자 장량은 허허 웃으며 대답했다.

"장군의 행동도 그다지 칭찬할 바가 못 되는구려. 부드러운 말투로 간했다면 패공께서 그토록 심하게 면박을 주지는 않았을 것이오."

자신이 지나쳤다고 느낀 번쾌는 곧 반성했다.

"장군의 말을 들어보니 내 잘못도 크구려. 사정이 급하니 장군께서 이 문제를 해결해주길 부탁해보시오."

"오늘은 너무 늦었으니 내일 함께 입궐하세."

다음 날이 되었다. 장량은 유방을 알현한 자리에서 다음과 같이 말했다.

"패공, 번장군의 간언이 심기를 거슬렸다고 들었습니다. 누군가의 허점을 들춰 꾸짖으면 귀에 거슬리기 마련이지요. '충언은 귀에 거슬리지만 행하면 이롭고, 좋은 약은 입에 쓰지만 몸에 이롭다.'라고 했습니다. 따라서 번쾌의 말은 귀에 거슬리는 충언이자 입에 쓴 약이 아니겠습니까? 부디 진노를 거두시고 번쾌의 충고를 받아들여 주십시오."

장량의 말에 현명한 유방은 두말 않고 장량을 따라 군영으로 돌아와 전쟁 준비를 서둘렀다.

'충언역이忠言逆耳'라는 고사성어는 바로 이 이야기에서 유래했다. 이는 '바른 말은 귀에 거슬린다.'는 뜻으로, '바르게 타이르는 말일수록 듣기 싫음.'을 비유한 말이다.

087

취이대지取而代之

글자 풀이

취할 취取, qǔ, 말이을 이而, ér, 대신할 대代, dài, 갈 지之, zhī

뜻 풀이

'취하여 그것을 대신하다.'라는 뜻으로, '어떤 사물로 다른 사물을 대체하거나 남의 지위나 직무를 빼앗아 자신이 대신하는 것'을 비유한 말이다.

유래

항우項羽는 진秦나라 말의 무장으로, 이름은 적籍이고 자는 우羽이다. 대대로 초나라의 무장을 맡아왔던 항씨項氏 가문의 인물로, 진나라와 맞섰던 초나라의 명장 항연項燕의 손자이자 항량項梁의 조카다.

진시황 영정嬴政은 즉위 20년째 되던 해에 진나라 명장 왕전王翦에게 군대를 이끌고 초나라를 정벌할 것을 명했다. 왕전은 60만 명의 병력으로 공격할 것을 건의했지만 진시황은 이에 동의하지 않았다.

약해질 대로 약해진 초나라를 상대하는 데 그토록 많은 병력은 필요하지 않다고 여겼기 때문이다.

왕전이 계속 60만 명의 병력을 고집하자, 화가 난 진시황은 왕분王賁을 시켜 초나라를 공격하게 했다. 그러나 진군은 항연이 이끄는 초군의 기습을 받아 크게 패하고 말았다.

진시황은 패색이 짙어가는 전쟁을 만회하기 위하여 고향으로 돌아간 왕전을 다시 불러 장군으로 삼았으며, 60만 명의 대군을 이끌고 초나라를 공격하도록 했다. 수차례의 교전 끝에 항연은 전사하고 왕전이 거느린 진군에게 패한 초나라는 멸망하고 말았다.

천하통일을 이룬 진시황은 각국의 왕과 대신들을 진나라의 도읍 함양咸陽으로 끌고 와 살해하거나 옥에 가두어 평생 죄인의 몸으로 살게 하라고 명했다. 항연의 아들인 항량項梁은 조카 항우項羽를 데리고 오중吳中, 오늘날의 강소성 소주으로 도망을 쳤다.

항량은 진나라에 사무친 원한을 갚기 위하여 그곳에서 복수를 꿈꾸며 세력을 길렀다. 그는 조카 항우가 힘이 세고 재능이 출중한 것을 알고, 항우에게 직접 학문을 가르치기 시작했다. 그러나 항우는 학문에는 전혀 관심을 두지 않았다. 애가 탄 항량이 수차례 타일러 보았지만 소용이 없었다.

대대로 명장 가문이므로 가풍을 이어 훌륭한 무장으로 키우는 것도 나쁘지 않다고 판단한 항량은 항우에게 검술을 가르치기 시작했다. 그러나 항우는 항량이 집을 비우는 틈을 타 놀 궁리만 했고 검술 수련을 게을리했다.

크게 실망한 항량은 항우를 불러 그 이유를 물었다. "글공부도 싫고 검술도 싫다고 했느냐? 문무를 겸비하지는 못할망정 그중 하나라도 익혀야 출세할 것 아니냐. 장차 무엇이 되고 싶어 이러는 것이냐?"

그러자 항우는 두 눈을 크게 뜨고 또박또박 대답했다. "학문은 이름만 쓸 줄 아는 정도면 족하고, 검술 또한 아무리 뛰어나다고 해도 한 사람만 대적하니 배울 것이 못됩니다. 저는 장차 천군만마를 대적하는 법을 배우고 싶습니다."

항량은 어려서부터 병법을 익혀왔으므로, 이를 가르치는 것 또한 어렵지 않았다. 그때부터 항량은 항우에게 병법을 가르쳤다.

　진시황이 6국을 통일하고 자신의 위업을 과시하기 위해 전국을 순시하던 도중 회계會稽 일대를 지나게 되었다. 길가에서 웅장하고 화려한 행렬을 지켜보던 항우가 감탄하며 외쳤다.

　"저 사람의 자리를 제가 대신할 것입니다彼可取而代也."

　이 말을 들은 항량은 크게 놀라며, 황급히 그의 입을 막았다.

　"함부로 말하지 말거라. 멸족의 화를 당할 것이야."

　항량은 겉으로는 엄포를 놓았지만 항우가 큰 뜻을 품고 있다고 생각해 속으로는 매우 기뻐했다.

　이 고사성어는 『사기史記』의 『항우본기편項羽本紀篇』에 수록되어 있다. '취이대지取而代之'라는 고사성어는 바로 이 이야기에서 유래했다. 이는 '취하여 그것을 대신하다.'라는 뜻으로, '어떤 사물로 다른 사물을 대체하거나 남의 지위나 직무를 빼앗아 자신이 대신하는 것'을 비유한 말이다.

088

타초경사 打草驚蛇

글자 풀이

칠 타打, dǎ, 풀 초草, cǎo, 놀랄 경驚, jīng, 뱀 사蛇, shé

뜻 풀이

'풀을 건드려 그 속에 있는 뱀을 놀라게 한다.'라는 뜻으로, 과거에는 '한 사람을 징벌하여 다른 사람을 깨우침.'을 비유한 말이었지만 오늘날에는 '공연한 짓을 해서 적으로 하여금 미리 준비하게 함.'을 비유한 말로 사용한다.

유래

당나라 때 지방의 현령縣令을 지낸 '왕로王魯'라는 사람은 온갖 명목으로 백성들의 재물을 갈취하는 탐관오리였다. 부하 관리들도 왕로를 따라 부정부패를 일삼았다. 그는 늘 부하들을 시켜 백성들로부터 세금을 걷게 했으며, 자신은 모습을 드러내는 일이 없었다. 그 수법도 교묘해 백성들은 왕로의 정체를 알지 못했다.

한번은 왕로의 부하들이 거리로 나가 소란을 피우며 세금을 걷고 있었다. 때는 마침 춘궁기라 백성들은 궁핍한 생활을 하고 있었다. 견디다 못한 백성들은 관리들의 악행을 현령 왕로에게 고하는 상소문을 올렸다. 영문도 모른 채 관청에 앉아 상소문을 받아든 왕로는 근엄한 표정으로 말했다.

"우리 백성들을 위해 내가 반드시 최선을 다해 해결해주리라."

상소문을 반쯤 읽어 내려가던 왕로는 깜짝 놀랐다. 상소문에 적힌 내용은 모두 그가 저지른 일들이었던 것이다. 그는 자신의 악행이 드러날까 두려워 식은땀을 흘렸다.

"매우 복잡한 사건이로구나. 다시 조사한 후에 결정하도록 하자.

오늘은 이만 물러가거라."

왕로는 더듬더듬 말을 하고는 백성들을 모두 물러가게 했다. 왕로는 큰 재앙이 닥칠 것 같은 불안감에 좀처럼 진정할 수가 없었다.

"만약 사건의 진위가 세간에 낱낱이 드러나면, 관직은 물론 목숨조차 부지하기 어려울 텐데……. 반드시 진실을 묻어야겠군."

그는 떨리는 마음을 진정하고자 붓을 들고 상소문에 다음과 같은 글귀를 남겼다.

'여수타초, 오이경사汝雖打草, 吾已驚蛇, 너희는 풀밭을 건드렸지만 이미 나는 놀란 뱀과 같다.'

왕로는 상소문을 덮고 부하들에게 대책을 세우게 했다. 그러나 훗날 상소문에 적힌 이 글귀에 의해 사건의 전말은 세상에 알려지게 되었고, 탐관오리들은 국법에 따라 처벌을 받았다.

이 이야기는 『칠수유고七修類稿』에 수록되어 있다. '타초경사打草驚蛇'라는 고사성어는 바로 이 이야기에서 유래했다. 이는 '풀을 건드려 그 속에 있는 뱀을 놀라게 한다.'라는 뜻으로, 과거에는 '한 사람을 징벌하여 다른 사람을 깨우침.'을 비유한 말로 사용했지만 오늘날에는 '공연한 짓을 해서 적으로 하여금 미리 준비하게 함.'을 비유한 말로 사용한다.

089

탐천지공 貪天之功

글자 풀이

탐할 탐貪, tān, 하늘 천天, tiān, 갈 지之, zhī, 공 공功, gōng

뜻 풀이

'하늘의 공을 탐한다.'라는 뜻으로, '남의 공을 자기의 것으로 생각함.'을 비유한 말이다.

유래

춘추시대 진晉나라에는 개자추介子推라는 사람이 있었는데, 진나라 문공文公의 충신으로 유명했다. 개자추는 부친에 의해 국외로 추방되어 19년 동안 망명 생활을 하며 어렵게 생활했던 문공에게 자신의 허벅지 살을 베어 먹일 만큼 목숨을 걸고 보필했다고 전해진다.

기원전 636년, 대신들의 지지를 받은 문공은 다시 진나라로 돌아와 군주가 되었다. 개자추는 호언狐偃, 조쇠趙衰, 위무자魏武子, 사공계자司空季子 등과 함께 진문공이 즉위하는 데에 큰 공을 세웠다.

　문공은 망명 생활을 함께 했던 이들과 그동안 나라를 위해 공을 세운 이들에게 성읍을 하사하거나 작위晉爵를 내려주는 등 논공행상論功行賞을 시행하던 중, 이웃 주周나라에서 변란이 생겨 진문공에게 파병을 부탁하는 사신을 보내왔다. 진문공은 갑자기 닥친 일 때문에 논공행상을 급히 마무리짓게 되었다. 그런데 이 와중에 함께 고락을 나눴던 개자추를 누락시키고 말았다.

　그러나 개자추는 전혀 개의치 않았다. 지조와 절개를 겸비한 그는 공명득실을 따지지 않았고, 진문공이 즉위한 후에도 조용히 집에서만 지냈다. 사람들은 불공평하다 여겨 진문공에게 따져보라고 부추겼지만 개자추는 끝까지 이를 마다했다.

개자추는 누구보다 안타까워하는 어머니에게 다음과 같이 말했다.

"진나라의 아홉 공자 중 진문공만 남았으니 군주의 자리를 지키는 것은 불변의 진리이거늘, 그것을 자신의 공로인양 떠들고 다니는 자들이 있음이 더 놀랍지 않습니까? 남의 재산을 훔친 자를 도둑이라 부르는데, 하물며 군주에게 탐천지공한 자들이야 더 말할 것도 없지요. 아랫사람들은 이를 죄라 여기지 않고, 윗사람들은 기세도명한 자에게 도리어 관직을 하사하니 위아래가 서로 기만하는 것이 아닙니까? 그런 자들과 어찌 함께 말을 섞고 나랏일을 논하라는 말씀이십니까?"

개자추의 말을 들은 노모는 한 치의 망설임도 없이 대답했다.

"네 뜻을 알겠다. 나와 함께 산에 들어가 살자꾸나."

그때로부터 개자추는 홀어머니를 모시고 면산에 들어가 은둔 생활을 시작했다.

개자추를 지지하던 사람들은 이 사실을 알고 분개하여 궐문 밖에 이런 글귀를 적어 붙여놓았다.

'용이 하늘을 오르고자 하니 다섯 마리의 뱀이 보좌했네. 용이 승천하니 네 마리는 보금자리 찾았는데 한 마리는 사라져서 찾을 길 없네.'

여기에서 네 마리 뱀은 호언, 조쇠, 위무자, 사공계자를 말하고, 한 마리 뱀은 개자추를 말한다.

뒤늦게 깨달은 진문공이 "개자추를 찾아낸 자에게는 작위를 내리고, 경으로 등용하며 논과 밭을 하사한다."라고 선포했지만 모두 허사였다.

급기야 진문공은 개자추를 산에서 내려오게 하려고 면산에 불을 질렀다. 개자추는 끝내 나오지 않았고, 어머니와 함께 그곳에서 불에 타 죽고 말았다.

후세인들은 면산을 '개산介山'이라 고쳐 부르고, 개자추를 기리기 위해 매년 그 달에는 불을 피우지 않고 찬 음식을 먹었다고 한다.

이 이야기는 『좌전·희공 24년左傳·僖公二十四年』에 수록되어 있다. '탐천지공貪天之功'이라는 고사성어는 바로 이 이야기에서 유래했으며, '남의 공로나 성과를 자기가 한 것처럼 말하고 다니는 것'을 비유한 말이다.

090

퇴피삼사 退避三舍

글자 풀이

물러날 퇴退, tuì, 피할 피避, bì, 석 삼三, sān, 집 사舍, shè

뜻 풀이

'물러나 90리를 피하다.'라는 뜻으로, '다른 사람과 다투지 않거나 다른 사람에게 양보하여 물러남.'을 비유한 말이다.

유래

진晉나라 공자公子 중이重耳는 19년 동안 천하를 주유했는데, 덕망이 높고 인품이 훌륭해 가는 곳마다 제후들의 환대를 받았다.

중이가 초나라에 머물 때였다. 성왕은 중이에게 예를 갖추어 극진히 대했고, 두 사람은 종종 함께 술을 마시고 이야기를 나누다 보니 어느새 친구가 되었다.

한번은 연회석상에서 성왕이 중이에게 농담조로 물었다.

"과인이 자네를 이토록 아끼는데 장차 보위에 오른다면 과인에게 무엇으로 보답할 생각이오?"

중이는 잠시 망설이다 대답했다. "만약 제가 군주가 된다면 진나라와 초나라가 싸우게 되었을 때 먼저 퇴피삼사, 즉 90리를 후퇴하는 것으로 은혜를 갚지요."

같은 자리에 있던 초나라 장군 자옥子玉이 이 말을 듣게 되었다. 그는 성왕에게 영웅의 기상이 넘치는 중이가 향후 진나라에 돌아가면 반드시 초나라에 위협이 될 인물이라고 판단하여 중이를 죽여 후환을 없애야 한다고 간했다.

그러나 성왕은 자옥의 말을 듣지 않았다.

"현재 주변국들에서는 영웅을 물색하는 일에 한창인데, 공은 오히려 영웅을 없애려 하다니 가당치 않소. 그렇게 하면 주변국들의 신의를 잃고 악명만 높아질 뿐, 우리에게 득이 되는 것이 무엇이란 말이오?"

19년 세월이 흐른 후 중이는 귀국하여 진晉나라 문공文公으로 즉위했다. 오랫동안 나라 밖을 떠돌며 모진 고난과 배고픔을 견뎠던 문공은 온힘을 다해 백성을 위한 정치를 펼치며 민심을 안정시키는 데 주력했다. 그리하여 진나라는 점차 안정을 되찾았고, 백성들은 부유해졌다.

당시 패업을 이루는 데에 여념 없었던 초나라는 633년에 진陳, 채蔡, 정鄭, 허許 등과 연합하여 송나라를 공격했다. 마침 초나라 장군 자옥이 초군을 이끌었다. 연합군은 승승장구하며 빠르게 송나라 도

읍을 포위했고, 연합군의 드높은 기세에 송나라는 급히 진나라 문공에게 도움을 청했다. 그동안 송나라와 깊은 우의를 다져온 진나라는 송나라에 파병하여 조나라와 위나라를 연이어 제패하고 초나라의 공격에 맞섰다. 초나라와 맞서게 되자 문공은 성왕에게 한 약속이 떠올라 즉시 '퇴피삼사'하라고 명령했다.

90리나 되는 거리를 후퇴하라니 까닭을 몰라 어리둥절해진 군사들에게 문공이 그 이유를 설명했다 .

"과인이 과거 초나라에 있을 때 진나라와 초나라 사이에 전쟁이 일어나면 먼저 90리를 물러서겠다고 초나라 왕과 약속한 일이 있다. 과인은 그 약속을 지키려는 것이다."

그리하여 진나라 군대는 90리를 물러섰다. 그러나 이는 문공의 계책에 불과했다. 문공이 초나라 군대의 예봉을 피해 약점을 찾아 다시 진격하니 초군은 기세가 꺾이면서 결국 진나라에 대패했고, 울분을 참지 못한 초나라 장군 자옥은 자살하고 말았다.

문공은 퇴벽삼사의 약속을 지킴과 동시에 패주의 지위도 확립하는 데 성공한 것이다. 역사에서는 이 전쟁을 '성복대전城濮大戰'이라고 부른다.

'퇴벽삼사退避三舍'라는 고사성어는 바로 이 이야기에서 유래했다. 이는 '물러나 90리를 피하다.'라는 뜻으로, '다른 사람과 다투지 않거나 다른 사람에게 양보하여 물러남.'을 비유한 말이다.

091

투편단류 投鞭斷流

글자 풀이

던질 투投, tóu, 채찍 편鞭, biān, 끊을 단斷, duàn, 흐를 류流, liú

뜻 풀이

'군사들이 손에 쥔 채찍만 던져도 강을 막는다.'라는 뜻으로, '군사가 많거나 군사력이 강대함.'을 비유한 말이다.

유래

중국의 저명한 역사학자 범문란范文瀾은 전진前秦 황제 부견苻堅이 신임했던 재상 왕맹王猛을 역대 최고의 명장이라고 높이 평가했다.

　왕맹은 전진의 부견왕을 섬기면서 화북 통일에 큰 공헌을 한 현신賢臣이다. 왕맹은 말단 관직인 관사로 있다가 부견에 의해 시평始平의 현령으로 부임했다. 시평현은 경사京師의 서북문호로서 중요한 곳이었지만 관리들의 횡포와 착취가 극심하고, 강도와 도적들이 들끓어 백성들은 생활고에 시달렸다. 왕맹은 부임하자마자 법을 엄격히

적용하고 죄질이 무거운 자는 왕족의 친인척이라도 형벌을 서슴지 않았다.

한번은 부견왕의 처남 강덕強德이 술에 취해 장안 거리에서 행패를 부리며 재물을 빼앗고 여성들을 간음한 일이 있었다. 왕맹은 그를 백성들이 보는 앞에서 채찍으로 때려죽였다. 이 사건을 빌미로 귀족 세력들은 부견에게 상서를 올려 왕맹을 잡아들이라고 요구했고, 결국 왕맹은 장안으로 압송되었다.

부견이 직접 왕맹을 심문했다. "관리라면 덕으로 사람을 감화시켜야 마땅한데 부임한 지 얼마나 되었다고 사람을 죽인 것이오? 이 얼마나 잔인한 일이오?"

왕맹은 담담하게 말했다. "그 점은 소신도 잘 알고 있습니다. 태평한 나라라면 예의로 다스려야겠지만 예가 어지럽혀진 나라는 필히 엄한 형벌로 다스려야 합니다. 폐하께서 그곳에 소신을 보내신 데는 분명 이유가 있다고 여겼습니다. 따라서 온힘을 다해 나라를 어지럽히는 흉악하고 교활한 자들을 모조리 뿌리뽑으려 했던 것입니다. 한 무리의 권세가들이 제거되어야 더 이상 같은 범죄가 일어나지 않을 것입니다. 처벌이 약했다면 소신을 벌해도 좋습니다. 그러나 처벌이 지나쳤다고 원망하시면 이는 결코 받아들일 수 없습니다."

부견은 왕맹의 말에 탄복하고, 그를 삼공三公으로 승진시켜 재상에 임명했다. 그 후 왕맹은 부견을 보좌하여 내정을 개혁함으로써

사회 기풍을 바로잡고 백성들이 태평하고 풍족한 생활을 누리게 했다. 또 수차례의 전쟁에서도 공을 세워 10년 사이에 북방 통일을 이룩했다. 북방이 견고해지자, 부견은 자신의 세력을 남방의 진晉나라에까지 확장하려 했지만 왕맹의 반대로 줄곧 시행하지 못했다. 왕맹이 죽고 나서도 부견은 야망을 버리지 못하고 태원太元 8년에 진나라 정벌에 나서려 했다. 그러나 또다시 대신들의 강한 반발을 초래했다.

좌복사 권익權翼이 가장 먼저 반대했다.

"폐하, 진나라 토벌은 아직 이릅니다. 오늘의 진나라는 비록 병력은 약하지만 이름난 장수인 사안謝安과 환충桓沖이 있습니다. 경시해서는 안 됩니다.”

권익이 말이 끝나자 장군 석월石越도 반대하고 나섰다.

“폐하, 진나라는 긴 장강을 천연 병풍으로 삼고 있고, 나라를 보위하기 위한 정의로운 전쟁만 해 왔기 때문에 군주와 신하가 화목하고 단합이 잘되어 있습니다. 따라서 함부로 공격했다간 큰 낭패를 볼 수 있습니다.”

두 장군의 말에 부견은 노기등등했다.

“과인은 천하를 돌며 투편단류, 즉 채찍을 던져 강의 흐름을 막았던 사람이오. 장강이 뭐 그리 대단하단 말이오? 내가 가진 장수와 병사들이 던진 채찍만으로도 장강을 막을 수 있을 텐데 진나라가 무슨 수로 대항한단 말이오?”

부견은 대신들의 권고를 듣지 않았다.

사흘 후 부견은 새롭게 장군을 임명하고 90만 명의 대군을 친히 인솔하여 남하했다. 이에 맞서 진나라晉는 장군 사안의 통솔하에 고작 8만 명의 군사로 대적했다. 결과는 진나라의 대승이었고, 부견이 이끈 대군은 참패하고 말았다.

이 이야기는 『자치통감·진서資治通鑑·晉書』에 수록되어 있다. ‘투편단류投鞭斷流’라는 고사성어는 바로 이 이야기에서 유래했다. 이는 ‘군사들이 손에 쥔 채찍만 던져도 강을 막는다.’라는 뜻으로, ‘군사가 많거나 군사력이 강대함.’을 비유한 말이다.

파부침선破釜沈船

글자 풀이

깨질 파破, pò, 가마솥 부釜, fǔ, 가라앉을 침沈, chén, 배 선船, chuán

뜻 풀이

'모든 것을 헤아리지 않고 끝까지 해낼 결의를 다짐.'을 비유한 말로, '필사적으로 싸울 결심을 다지다.', '사생결단하다.', '마지막 시도를 하다.' 등의 의미로 사용한다.

유래

진秦나라 말에 민중들은 끊임없이 봉기를 일으켜 진나라의 폭정에 저항했다. 진나라는 수십만 명의 대군을 출병시켜 진나라를 반대하는 조나라 군대를 거록성巨鹿城, 오늘날의 하북성 경내에서 포위했다. 그러자 조나라를 도우려던 다른 나라의 군사들이 진나라 군대의 막강한 진용을 보고는 모두 황급히 병영으로 숨고 말았다. 그리하여 사람들은 남쪽에서 무장을 하고 진나라를 반대하던 초나라에 희망을 걸게 되었다.

초나라 왕은 송의宋義를 사령관으로, 항우項羽를 부사령관으로 임명하고, 거록을 지원하게 했다. 그런데 행군 도중에 송의는 군사들에게 멈추라는 명령을 내렸다.

이렇게 한 번 멈춘 것이 거의 한 달 반이라는 시간이 흘러갔다. 당시 날씨는 매우 추웠고 큰 비까지 내렸는데, 군사들은 의복과 식량이 부족하여 추위에 떨고 굶주리게 되었다. 군사들은 모두 송의를 원망하기 시작했다.

그러자 용감하고 싸움을 잘하기로 소문난 장군 항우는 송의를 찾아가 왜 서둘러 달려가 조나라 군대를 지원하지 않느냐고 물었다. 그러자 송의는 "현재 진나라 군대는 너무나 막강하기 때문에 먼저 조나라 군대와 전쟁을 벌이도록 하여 그들의 힘을 빼야 합니다. 그런 다음, 우리가 진나라 군대를 공격한다면 반드시 승리할 것입니다. 단단한 갑옷을 걸치고 손에 날카로운 무기를 들고 적과 필사적으로 싸우는 일은 제가 그대보다 못할 것이지만 책략을 세우는 일에서는 당신이 저만 못할 것입니다."라고 했다.

송의는 자신의 지휘를 따르지 않는 사람은 모두 사형에 처할 것이라는 군령을 내렸다.

항우는 송의의 이러한 방법에 분개한 나머지 장수와 군사들에게 "만약, 진나라 군대가 조나라 군대를 격파한다면 그 힘이 한층 더 강해질 것인데, 그렇게 되면 우리가 어찌 다시 그들을 무찌를 수 있겠는가? 더욱이 우리 초나라의 운명은 이번 대결에서 결정될 판인데 도 지금 송의는 반대로 진나라 군대를 공격하지 못하고 있다. 지금 여러분은 식량이 부족하여 굶주리고 있는데도 송의는 여전히 배불 리 먹고 실컷 마셔대고 있다. 지금 우리는 이러한 사람이 필요치 않 다."라고 했다.

그런 다음, 항우는 아침에 송의를 만나는 기회를 이용하여 송의를 죽여 버리고는 이 일을 마치 초나라 왕의 명령인 것처럼 전하며 모든 군사들에게 "송의가 우리 초나라를 배반하려고 획책했기 때문에 왕 께서 그를 처형하라는 밀명을 내리셨다."라고 했다. 초나라 왕도 나 중에 이 일을 알았지만 별다른 방법이 없어 항우를 신임 사령관으로 임명할 수밖에 없었다.

이렇게 군대의 지휘권을 차지한 항우는 곧장 조나라를 지원하러 떠났다. 그는 군사들이 모두 강을 건너기를 기다렸다가 모든 배에 구멍을 뚫어 침몰시키고 밥을 짓는 솥마저도 모두 깨 버리고 주위의 집들도 불태워 버렸다. 그러고는 군사들에게 3일분의 식량만 나누 어 주었다.

항우는 모든 군사들에게 "만약 이번 전쟁에서 실패하면 더 이상 물러설 길이 없다. 필사적으로 싸워 진나라 군대를 격파해야만 살아 돌아갈 수 있을 것이다."라고 말했다.

이제 돌아갈 배도 없고 밥을 지어먹을 솥마저 없었으므로 군사들 은 결사적으로 싸우는 수밖에 달리 방법이 없었다. 과연 군사들은 출전하라는 명령이 떨어지기가 무섭게 적진을 향해 돌진했다. 이렇게 아홉 번을 싸우는 동안 진나라의 주력 부대는 궤멸되고, 이를 계기로 항우는 제장諸將의 맹주가 되었다.

'파부침선破釜沈船'이라는 고사성어는 바로 이 이야기에서 유래했으며, '모든 대가를 아끼지 않고 어떤 일을 성취하겠다는 웅대한 결심'과 '목표를 달성하지 못하더라도 결코 뒤돌아보지 않음.'을 비유한 말이다.

093

팔면위풍八面威風

글자 풀이

여덟 팔八, bā, 낯 면面, miàn. 위엄 위威, wēi, 바람 풍風, fēng

뜻 풀이

'위풍당당하다.'라는 뜻이다.

유래

원나라의 통치는 잔혹하기로 유명했다. 통치자들은 백성들을 몽골인蒙古人, 색목인色目人, 한인漢人, 남인南人으로 나누어 다스렸는데, 특히 원나라 말 원순제元順帝 재위 기간에는 전례 없는 혹정이 이어졌고, 정치는 부패하기 그지없었다.

몽골 통치자들은 백성들의 목숨은 안중에도 없이 제멋대로 날뛰었으며, 특히 한인과 남인들은 소나 말보다도 못한 취급을 당했다.

궁지에 몰린 백성들은 반란을 일으켜 통치자들의 폭정에 반항했고, 백성들의 연이은 봉기는 원나라의 통치 체제를 급속도로 와해시

켰다.

　봉기군 가운데서 비교적 세력이 강했던 주원장朱元璋은 1356년에 집경集慶, 오늘날의 남경을 점령하고, '오국공吳國公'이라고 칭했다. 그 후 연이어 승리를 거둔 주원장은 앞으로 해야 할 일들에 대해 심각하게 고민하기 시작했다.

　이때 '주승朱升'이라는 사람을 찾아 가르침을 받으면 성공할 수 있을 것이라고 귀띔해주는 자가 있었다. 주승은 주원장에게 성을 높이 쌓고 군량을 비축하라고 조언했다.

　주승이 알려준 비결을 듣고 난 주원장은 바로 군량과 마초를 사들이고 병마를 훈련시켰으며, 군웅群雄을 제거하고 중원을 통일할 준비를 했다.

주원장의 행동을 살피던 장사성張士誠과 진우량陳友諒은 자신들에게 가장 큰 위협이 되는 주원장을 없애 버릴 계획을 세웠다. 하지만 주원장은 결코 만만한 상대가 아니었다. 그는 부하 화운華云을 장사성의 아들로 변장시킨 후 진우량의 군에 파견해 군사 계획을 상의하게 했다. 하지만 진우량 측의 대장인 장정변張定邊에 의해 발각되었다. 장정변은 몇 번이나 진우량에게 충고했지만 진우량은 장정변의 건의를 받아들이지 않았을 뿐만 아니라 홧김에 장정변의 군권마저 박탈했다. 주원장과 끝장을 보려고 마음먹은 진우량은 전투를 벌였고, 결국 진우량의 대군은 주원장의 부대에 의해 궤멸 직전에까지 이르렀다. 진우량 역시 이 전투에서 화살을 맞고 숨을 거두었다. 진우량의 아들은 얼마 남지 않은 군사들을 거느리고 주원장에게 항복하고 말았다.

대승을 거둔 주원장 부대는 구강구九江口에서 연회를 베풀어 자축했다. 군사들이 마음껏 술을 즐기도록 하기 위해 주원장은 대장 서달徐達과 함께 조용히 그 장소를 빠져 나왔다. 편안한 복장으로 갈아입은 그들은 달 밝은 밤길을 함께 거닐며 이야기를 나누었다.

강가에서 그들은 한 쌍의 노부부가 배를 젓고 있는 모습을 보게 되었다. 서달은 예의를 갖춰 그 부부에게 강을 건너게 해줄 수 없느냐고 물었다.

이에 부부는 흔쾌히 대답했다. 배가 강의 가운데에 도착했을 때 노인은 갑자기 큰소리로 노래를 부르기 시작했다.

"앞에 있는 대장군은 위풍당당하다네!"

주원장과 서달은 소리 내어 웃었다.

그 후 주원장은 남경을 수도로 정하고, 명나라의 개국 황제가 되었다. 주원장은 그때 강가에서 만났던 노부부를 찾아 상을 내리고 그때 탔던 배에는 특별히 빨간색을 칠하여 기념물로 남겼다고 한다.

'팔면위풍八面威風'이라는 고사성어는 바로 이 이야기에서 유래했으며, '위풍당당하다.'라는 뜻이다.

편장막급 鞭長莫及

글자 풀이

채찍 편鞭, biān, 길 장長, cháng, 없을 막莫, mò, 미칠 급及, jí

뜻 풀이

'채찍이 아무리 길어도 말의 배까지는 미치지 못한다.'라는 뜻으로, '역량이 미치지 못함.'을 비유한 말이다. '힘이 미치기 어렵거나 힘이 있어도 주도 세밀하게 생각하기 어려움.'을 비유할 때도 사용한다.

유래

춘추시대 초나라 장왕은 신주申舟를 사자使者로 파견하여 제나라와 진나라를 방문하게 한 적이 있다. 당시 초나라에서 제나라로 가려면 반드시 송나라를 거쳐야만 했다.

관례대로 하면 초나라 사신이 송나라를 경유할 경우, 사전에 송나라에 알려야 했지만 장왕은 초나라가 대국이라는 것만 믿고 송나라에 알리지 말도록 명령했다. 신주는 송나라를 경유하다가 그만 송나라에 억류되었다.

당시 송나라에는 '화원'이라는 대신이 국사를 장악하고 있었는데, 화원은 임금인 문공에게 초나라의 무례함을 상주하고 사자使者를 처형하자고 주장했다. 문왕은 화원의 주장을 받아들여 신주를 처형한 후, 초나라의 군사들과 싸울 준비를 시작했다.

아니나 다를까 신주가 피살됐다는 소식을 접한 장왕은 즉시 송나라를 공격하게 했다.

하지만 그때로부터 이듬해 5월까지 양국의 군사들은 일진일퇴를 거듭하면서 지루한 대치 상태를 유지했다. 이때 송나라에서는 악영제樂嬰齊를 진晉나라에 파견하여 도움을 청했다.

당시 진나라 경공은 군사를 풀어 송나라를 도우려고 했지만 백종伯宗은 강대한 초나라에 죄를 질까 두려워 이를 극구 반대했다. 그는 "옛말에 '채찍이 아무리 길어도 말의 배까지 미치지 못한다.'라고 했나이다. 우리가 어찌 다른 나라의 일에 간섭하리까. 잠시 군사를 파견하지 말고 초나라의 국세가 쇠퇴해지기를 기다려보는 것이 좋을 듯합니다."라고 말했다.

진경공은 그의 말이 옳다고 여기고, 송나라에 군사를 파견하지 않았으며, 해양 한 사람만 파견하여 송나라를 위로했다.

'편장막급鞭長莫及'이라는 고사성어는 바로 이 이야기에서 유래했다. 이는 '채찍이 아무리 길어도 말의 배까지는 미치지 못한다.'라는 뜻으로, '역량이 미치지 못함.'을 비유한 말이다.

095

평수상봉萍水相逢

글자 풀이

개구리밥 평萍, píng, 물 수水, shuǐ, 서로 상相, xiāng, 만날 봉逢, féng

뜻 풀이

'물에 떠다니던 부평초가 서로 만난다.'라는 뜻으로, '서로 모르던 사람들이 우연히 만남.'을 비유한 말이다.

유래

당나라 고종 함형咸亨 2년, 염백서閻伯嶼라는 인물이 홍주도독으로 부임하게 되었다. 염백서는 낡고 허름해진 등왕각강서성 남창의 감강 기슭에 있음.을 중수重修하고, 9월 9일 중양절을 맞아 낙성을 축하하는 연회를 베풀었다. 등왕각에는 초대받은 왕장군王將軍, 맹학사孟學士를 비롯해 먼 곳의 하객들까지 구름같이 몰려들었다.

당시 연회에서는 시에 뛰어난 문사를 청하여 서문을 남기는 것이 관례였는데, 염백서는 이 기회를 틈타 문사였던 사위 오자장吳子章의

재주를 자랑할 계획이었다.

연회가 시작되자 하객들은 관직과 나이 순에 따라 차례로 착석했다. 염백서는 사람을 시켜 문방사보인 종이, 붓, 먹, 벼루를 내오게 했다. 그러고는 좌중의 하객들을 향해 말했다.

"여러 공들께서 자리를 빛내주시니 역사에 길이 남을 성연일세. 부디 마음껏 운필하시어 새롭게 태어날 등왕각에 훌륭한 서문을 남겨주시구려."

문방사보는 관직 순에 따라 차례로 전해졌다. 그러나 사람들은 염백서가 자신의 실력을 과시하기 위함을 잘 알고 있었기 때문에 선뜻 나서지 않았다. 문방사보는 가장 연소하고 관직이 낮은 왕발王勃의 손에 돌아왔다. 왕발은 조금도 주저하는 기색 없이 이를 받아 자기 앞에 내려놓았다.

연회장은 술렁이기 시작했다. "도독 염공이 베푼 성대한 잔치에서 주인의 흥을 깨려고 작정한 것 아니오?"

왕발은 아랑곳하지 않고 붓을 들어 거침없이 써내려갔다.

"어린 자가 감히 나에게 대적하다니!" 화가 잔뜩 난 염백서는 서동書童에게 그의 문장을 전해달라고 명하고는 도포자락을 휘날리며 자리를 떠났다.

落霞與孤鶩齊飛낙하여고목제비
秋水共長天一色추수공장천일색

저 하늘 노을은 짝 잃은 기러기와 나란히 하고,
가을 물빛은 높은 하늘과 같은 색이로구나!

왕발의 화려한 문필에 사람들은 놀라 눈이 휘둥그레졌다.

"천고의 걸작이요. 천재난봉千載難逢인 자로다!"

하객들은 저마다 극찬했다.

이를 전해 듣고 자리에 돌아온 염백서는 그제야 왕발에게 경의를 표하고 깍듯이 대했다.

왕발의 『등왕각서滕王閣序』는 오늘날까지도 명문장으로 회자되고 있다.

　왕발은 훗날 '초당初唐 4걸四傑'이라고 불리며, 당나라 초 대표적 시인으로 그 명성을 날렸지만 정치에서 뜻하는 바를 이루지 못하여 늘 불만이 가득했으며, 그 슬픔을 글에 담아 내곤 했다.

　關山難越관산난월하니 誰悲失路之人수비실로지인고
　萍水相逢평수상봉하니 盡是他鄕之客진시타향지객이라

　관산고개 넘기 어렵다는데
　그 누가 길 잃은 자를 애처로이 여길꼬.
　부평초와 물이 만나듯
　모두가 우연히 만난 타향의 길손들이네.

　'평수상봉萍水相逢'이라는 고사성어는 바로 이 이야기에서 유래했으며, '서로 잘 알지 못하던 사람들끼리 물에 떠다니는 부평초같이 우연히 만남.'을 비유한 말이다.

필부지용 匹夫之勇

글자 풀이

필 필匹, pǐ, 지아비 부夫, fū, 갈 지之, zhī, 날랠 용勇, yǒng

뜻 풀이

'무모한 용감성', '머리를 쓰지 않고 개인의 혈기만 내세움.'을 비유한 말이다.

유래

춘추시대 월나라는 오나라와의 전쟁에서 대패했다. 월나라 왕 구천은 수많은 굴욕을 당했고, 월나라는 큰 피해를 입게 되었다.

구천은 와신상담하면서 복수의 기회를 노리고 있었다. 그는 월나라 국민들에게 다음과 같이 말했다.

"내가 주제를 잘 파악하지 못해 오나라의 큰 원한을 사게 되고, 전쟁에서 패했구나. 수많은 백성들이 목숨을 잃었으니 이는 과인의 부덕함 때문이다. 내가 잘못을 고칠 수 있도록 도와주기 바란다."

구천은 솔선수범하면서 자신부터 검소한 생활을 했으며, 직접 밭일도 하면서 민심을 보살폈다. 또 정령을 제정할 때면 백성들이 싫어하는 제도는 취소했고, 백성들이 부족하다거나 합리하지 못하다고 생각하는 부분은 보완해 나갔다. 이 밖에도 생산을 늘리고 인구 성장을 격려하는 정책을 제정했다.

당시의 정책을 보면 청·장년 남자들은 나이든 여자와 결혼해서는 안 되며, 나이 든 남자들은 젊은 여자를 아내로 맞을 수 없었다. 또 여자 나이 열일곱 살에 결혼을 하지 않으면 그 부모들이 죄를 짓는 것이 되었고, 남자가 스무 살에 결혼을 하지 않으면 그 부모에게도 죄가 있다고 여겼다. 여자가 애를 낳으면 관에 고해야 하고, 관에서는 의원을 파견해 산모와 애기를 돌보도록 했다. 남자아이를 낳았을 경우에는 술 두 주전자와 개 한 마리를 상으로 주었고, 여자아이를 낳았을 경우에는 술 두 주전자와 새끼 돼지 한 마리를 상으로 주었으며, 세 쌍둥이를 낳았을 경우에는 유모를 보내주고, 쌍둥이를 낳았을 경우에는 먹을 음식을 상으로 주었다. 이러한 모든 정책들은 월나라의 인구를 빨리 늘리려는 데 목적이 있었다.

학문과 재능이 있는 사람은 의식주 등에서 높은 대우를 해주었고, 이들에게 도의와 관련된 교육을 시켰다. 사면팔방에서 몰려드는 인재들은 조상 사당에서 성대한 예로 맞이했는데, 그 의미는 나라의 진흥에 도움이 되는 일들은 조상들에게 알려야 한다는 것이었다.

구천은 배를 타고 각지를 순유하기도 했는데, 배에 맛있는 음식을 준비했다가 젊은 사람들을 만나면 함께 식사하기를 청했고, 그들의 신상을 알아보았다. 이는 이후 젊은 인재들을 키우기 위함이었다.

구천은 자신이 농사를 지어 얻은 식량이 아니면 먹지 않았고, 아내가 만들어준 옷만 입었다. 또 10년간 백성들의 세금을 면제해주어 백성들이 윤택한 생활을 누리게 되었고, 3년 먹을 양식을 쌓아두게 되었다.

이에 백성들이 구천에게 다음과 같은 요구를 했다.

"작금에 우리 월나라 백성들은 왕에 대한 사랑이 부모에 대한 사랑 못지않습니다. 자식된 도리로 부모를 위해 복수를 하고, 신하된 도리로 군왕을 위해 복수하려 하옵니다. 오나라와 싸우게 되면 우리 백성들은 전력투구할 것입니다. 오나라와 결전을 할 수 있도록 윤허해주십시오."

구천은 오나라와 전쟁을 할 조건과 시기가 무르익었음을 알고, 백성들의 요구를 따르기로 했다. 그는 대신들을 모아 놓고 다음과 같이 명했다.

"덕이 있는 왕은 장수와 군사가 적음을 근심하지 않는다고 했다. 오히려 그들의 품행이 좋지 않거나 공을 세우려 경거망동하거나 싸움터에서 도망을 갈까 근심하곤 했다. 지금 오왕 부차는 수많은 정예 군사를 갖고 있지만 이러한 군사들의 품행은 고려하지 않고, 숫자를 늘리는 데만 급급하다. 싸움을 하는 데 있어 사람 수에만 연연해서야 되겠는가? 나는 하늘을 대신해 오나라를 멸할 것이다. 나는 군사들이 개인적인 혈기_{필부지용}로만 싸우지 말고 명령에 절대적으로 따르고 통일적인 작전을 펼치기 바란다. 용감하게 적을 베는 자에게는 상을 줄 것이고, 싸움터에서 비겁하게 도망하는 자에게는 벌을 줄 것이다."

백성들은 서로 격려하면서 다음과 같이 말했다.

"우리 군주처럼 백성들에게 은혜를 베푸는 왕이 또 어디 있겠는가? 이런 왕을 위해 우리는 목숨 걸고 싸워야 한다."

기원전 473년, 월나라는 드디어 오나라를 멸망시켰고, 오왕 부차는 자결하고 말았다.

이 이야기는 『국어·월어 상國語·越語上』과 『맹자·양혜왕하孟子·梁惠王下』에 수록되어 있다. '필부지용匹夫之勇'이라는 고사성어는 바로 이 이야기에서 유래했으며, '머리를 쓰지 않고 개인의 혈기만 내세움.'을 비유한 말이다. 여기에서 필부는 평민 남자를 가리킨다.

097

항장무검 項莊舞劍

글자 풀이

목덜미 항項, Xiàng, 씩씩할 장莊, Zhuāng, 춤출 무舞, wǔ, 칼 검劍, jiàn

뜻 풀이

'항장이 검무를 춘다.'라는 뜻으로, '언행과 속셈이 다름.'을 비유한 말이다.

유래

기원전 206년 항우項羽와 유방劉邦은 두 갈래로 나뉘어 진秦나라 도읍 함양을 공격하고 먼저 함양에 입성하는 자가 관중의 왕이 되기로 약속했다.

함양을 향해 진군하는 과정에서 유방은 진나라의 가혹한 법률을 폐지하고 곡식 창고를 열어 백성들에게 먹을 것을 나누어주었다. 그렇게 관중 백성들의 큰 지지를 얻은 유방군은 아무런 저항도 없이 순조롭게 함양에 도착해 그곳을 점령했다.

이때 항우가 함양 인근의 신풍현新豊縣 홍문鴻門에 이르렀다. 유방이 벌써 함양을 공격하고, 관중의 왕을 자처하고 있다는 소식을 들은 항우는 몹시 화가 났다. 이때 모사 범증范增이 항우에게 연회를 차려 유방을 초대하고 기회를 틈타 유방을 죽여야 한다고 조언했다.

당시 유방의 군대는 10만여 명으로 무려 40만여 명이었던 항우군의 적수가 되지 못했다. 비록 왕의 자리를 차지했지만 후환이 두려웠던 유방은 매일 밤잠을 설쳤다. 이를 옆에서 지켜보던 모사 장량이 유방에게 항우를 직접 만나 양해를 구하고, 눈앞의 급한 불부터 꺼야 한다고 조심스럽게 귀띔했다. 더 이상은 지체할 수 없었던 유방은 다음 날 모사 장량, 장수 번쾌樊噲와 함께 항우가 있는 홍문으로 향했다.

유방은 항우를 만나자 공손하게 예의를 갖추고, 갖고 온 예물들을 그에게 바쳤다. 항우도 주안상을 내어 유방과 장량을 청하고 우호를 표시했다. 유방의 장수 번쾌는 막사 밖에 머물게 했다.

유방이 겸허한 태도로 항우에게 말했다.

"대왕과 함께 함양을 공격하고자 했는데 이렇게 될 줄은 미처 생각하지 못했습니다. 실은 함양을 점령한 후 장군께서 오기만을 기다렸습니다. 왕이 되려는 욕심 따위는 결코 없었습니다. 부디 믿어주십시오."

항우는 유방의 겸허한 태도와 진심어린 말투에 그를 죽이려 했던 마음이 순식간에 사라졌다. 항우가 행동을 취하지 않자 곁에 있던

모사 범증이 몇 번이나 암시했지만 항우는 끝까지 못 본 체했다.

유방을 죽일 수 있는 절호의 기회를 이대로 놓칠 수 없다고 판단한 범증은 막사 밖으로 나가 항우의 동생 항장을 불렀다.

"항장 장군, 지금 들어가 검무로 흥을 돋우다가 기회를 봐 유방을 죽여주게. 어서!"

항장은 허리에 차고 있던 보검을 빼 들고 막사 안으로 들어갔다.

"오늘 대왕과 귀빈들의 흥을 돋우고자 이 자리에서 멋진 검무를 보여드리겠습니다."

말을 마친 항장이 검무를 추기 시작했다. 이때 항장의 의도를 알아차린 장량의 친구 항백이 몸을 일으켜 자신도 항장과 어울려 검무를 추며 유방을 보호했다. 그 바람에 항장은 손을 쓸 기회가 없었다.

장량은 유방이 위험하다는 것을 감지하고, 황급히 밖에 있는 번쾌를 불러들여 유방을 보호하게 했다. 번쾌는 검과 방패를 들어 자신의 앞을 가로막는 호위병들을 단숨에 쓰러뜨리고 안으로 쳐들어갔다.

헐레벌떡 들어온 번쾌를 본 항우가 번쾌의 용맹함을 극찬하더니 그에게 돼지고기 한 접시를 내어주며 물었다.

"자네 술 마시는 게 두려운가?"

"죽음도 두렵지 않은 대장부가 어찌 술이 두렵겠습니까? 유방 장군께서 천신만고 끝에 함양을 취하고 공을 세웠는데, 도리어 암살의 위험이 도사리고 있다니요. 앞으로 그 누가 또다시 대왕을 위해 목숨을 걸고 싸우겠습니까."

번쾌의 말에 항우가 대답했다.

"장군이 오해한 것 같소. 유방을 죽이려는 마음이 없으니 안심하고 술을 마시게."

오래 머물 곳이 못된다고 판단한 유방은 분위기가 무르익을 즈음, 조용히 막사를 빠져나와 번쾌와 함께 자신의 군영으로 돌아왔다.

'항장무검項莊舞劍'이라는 고사성어는 바로 이 이야기에서 유래했으며, '다른 속셈이 있는 행동'을 비유한 말이다.

현량자고懸梁刺股

글자 풀이

매달 현懸, xiàn, 대들보 량梁, liáng, 찌를 자刺, cì, 넓적다리 고股, gǔ

뜻 풀이

'상투를 대들보에 매달고 송곳으로 허벅지를 찌른다.'라는 뜻으로, '분발하여 학문에 정진함.'을 비유한 말이다.

유래

소진蘇秦은 동주東周 때 낙양洛陽 사람으로, 이름난 책략가이자 세객說客이다. 그는 한韓, 위魏, 조趙, 연燕, 초楚, 제齊를 연합해 진秦나라에 맞서고, 스스로 육국의 재상이 된 인물이다.

『사기史記』에 따르면 소진은 먼 동쪽의 제나라에서 스승을 모셨는데, 후에는 병법과 유세에 뛰어난 대학자 귀곡의 문하에 들어가 제후들을 설득하고 나라를 다스리는 학문을 배웠다. 제나라에서 공부를 마치고 집에 돌아온 소진은 가족들에게 천하를 돌며 유세遊說로 출세하겠다며 호언장담한 후 가족들의 반대를 무릅쓰고 길을 떠났다.

　그러나 생각만큼 순탄치 못했다. 처음 도착한 곳은 진秦나라였다. 당시 진나라는 변법을 시행한 상앙이 반대파에 의해 처형당한 직후라 정국이 몹시 불안했다. 새로 즉위한 진혜왕에게 찾아가 천하통일의 묘안을 제안했지만 소진이 어떤 인물인지 들은 바 있는 혜왕은 그의 의견을 수용하지 않았다. 소진은 포기하지 않고 조趙나라로 갔다. 그러나 조나라의 국상이었던 봉양군도 그에게 눈길 한 번 주지 않았다. 갖고 있던 돈을 모두 써 버리고 빈털터리가 된 소진은 남루한 옷만 걸친 채 집으로 돌아왔다. 그의 허름한 모습을 보고 가족들도 반겨주지 않았다.

　"사내 대장부가 배운 재간으로 부귀영화를 누릴 수 있어야지."

　형수가 비꼬면서 말했다.

　"당장 식구들을 먹여 살릴 수 있는 일을 찾아야지 어찌 입놀림으로 관리가 되려는 허황한 생각에 젖어 산단 말인가요? 세상이 그렇게 만만해 보이나요?"

　아내와 첩도 그를 냉대했다. 소진은 화가 치밀었지만 변명해봐야 자신의 실패를 성공으로 되돌릴 수 없기 때문에 울분을 속으로 삼키며 문을 걸어 잠근 채 공부에만 열중했다.

　밤이 깊어지고 졸음이 밀려오면 좀처럼 버티기 어려웠다. 소진은 상투를 대들보에 매다는 방법을 생각해냈다. 고개가 떨어지려고 하면 대들보에 맨 줄에 머리가 당겨져 정신이 번쩍 들었다. 이러한 피

나는 노력 끝에 소진은 훗날 마침내 세 치 혀로 천하의 정세를 논하고, 6국의 연합을 성사시키며 재상의 자리에까지 오르게 되었다.

　다음은 한나라의 학자 손경孫敬의 이야기다. 어려서부터 공부를 좋아했던 손경은 집에 있는 서책으로는 만족할 수 없어 늘 남의 책을 빌려서 읽곤 했다. 책읽기를 좋아해서 밤을 샐 때도 많았다. 하루는 책을 읽다가 저도 모르게 책상에 엎드려 잠들어 버렸다. 그런 자신이 너무 야속하고 원망스러웠던 손경은 졸음을 쫓아내기 위해 잠이 쏟아질 때마다 송곳으로 자신의 허벅지를 찔렀다. 송곳이 찌르는 아픔에 정신이 번쩍 들어 독서를 이어 갈 수 있었던 것이다.

　꽃이 피고 만물이 소생하는 봄이 되면 지인들이 손경에게 꽃구경을 함께 가기를 청했지만 거절당하기 일쑤였다. 사냥하기에 좋은 가을이 오면 문인들은 삼삼오오 모여 사냥을 떠났지만 손경은 문을 굳게 잠근 채 독서에 몰두했다. 그리하여 손경에게는 '폐문閉門 선생'이라는 별명이 붙여졌다. 훗날 그는 유명한 학자로 대성했다.

'현량자고懸梁刺股'라는 고사성어는 바로 이 이야기에서 유래했으며, '분발하여 학문에 정진함.'을 비유한 말이다.

099

화병충기 畵餅充饑

글자 풀이

그림 화畵, huà, 떡 병餠, bǐng, 찰 충充, chōng, 주릴 기饑, jī

뜻 풀이

'그림의 떡으로 굶주린 배를 채운다.'라는 말로, '겉보기에는 훌륭하나 실속이 없음.'을 비유한 말이다. 때로는 '공상으로 자신을 위안함.'을 비유할 때 사용하기도 한다.

유래

후한 말 노육은 10세가 되던 해에 양친을 잃었고, 연이은 원소와 공손찬의 교전에서 남은 두 형마저 잃었다. 노육은 어려운 상황에서도 과부가 된 형수와 조카들을 돌보며 학문에 정진해 학식과 덕행으로 명성을 날렸다.

그 당시는 전란戰亂 중에 새로운 질서를 세워 가던 때라 배신하고 도망치는 병졸에게는 무거운 형벌이 내려졌고, 당사자는 물론 처와 자식에게도 죄를 물었다. 한번은 도망친 한 군졸의 아내인 백白씨가 시집온 지 며칠 안 되었고, 남편과 만날 수 없었지만 사형을 선고받았다.

노육은 『시경詩經』과 『예기禮記』를 언급하면서 이러한 연좌는 부당한 것이라고 주장했다.

"얼굴 한 번 못 본 남편의 죄로 아내를 사형에 처한다는 것은 부당한 것입니다. 그러면 혼인하고 부부가 된 후에는 어떤 죄를 더할 것입니까?"라며 여인의 형벌을 줄여줄 것을 간했다.

노육은 법률 개정 문제를 놓고 자주 변론을 펼쳐 위명제 조비曹조의 치하를 받았다. 명제는 노육을 황문시랑으로 임명하고 신변에 두었다. 그 후 노육은 시중侍中, 중서랑中書郞 등 요직을 거쳤다.

명제가 즉위하고 얼마 후 궁궐을 확장하게 되었다. 이에 신하 고당륭高堂隆이 몇 차례 부당함을 간언하자, 명제는 몹시 언짢아했다. 그러자 노육이 진언했다.

"옛날 성왕聖王은 자신의 허물을 듣지 못할까 두려워했습니다. 지금 대신들이 간하는 것은 왕을 존경해서입니다. 그러하오니 그들의 의견을 받아들이고 이 사실을 기뻐하셔야 마땅합니다."

명제는 노육을 더욱 신임하기에 이르렀다. 노육의 정직하고 고상한 성품을 높이 사 그를 이부상서에 등용했고, 노육에게 "그대와 같은 자를 모아라."라고 하며 후임 시중侍仲을 천거하게 했다.

노육이 정충을 천거했지만 명제는 "정충은 나도 잘 알고 있다. 과인이 모르는 자로, 뛰어난 능력을 가진 사람을 천거하라."라고 하며

받아들이지 않았다.

완무와 손옹을 천거하자 명제는 그중 손옹을 임용했다. 당시는 중서부를 담당하던 제갈탄, 등양 등 말재주를 부리거나 화려한 언행을 좋아하는 무리들이 득세하고 있었다. 그러나 명제는 명성만 화려하고 실속이 없는 인물을 싫어했고, 사람의 언사보다 성품과 행실을 우선시했다.

명제는 "재능 있는 인재를 얻는 것은 노육에게 달려 있다."라며, 노육에 대한 신임을 드러내는가 하면, "허황한 명예는 화병충기그림에 그려진 떡과 같이 보기에는 좋아도 먹지 못하는 것"라는 표현을 써 일부 허황된 명성으로 가득 찬 이들을 증오했다.

이에 노육이 말했다.

"명성만으로 인재를 부르기에는 충분하지 못하지만 평범한 선비들을 모으는 데는 유리합니다. 그러하오니 굳이 배척할 필요는 없다고 봅니다. 지금 관리를 평가하는 법은 폐지되었고, 평판에만 의존하여 등용 여부가 정해지고 있습니다. 그러니 허와 실이 서로 구분되지 않는 것입니다. 우선 고과법考課法을 만들어 인재를 선발하는 것이 좋을 듯싶습니다."

명제는 노육의 의견을 받아들여 즉시 관리를 평가하는 제도를 만들도록 조서를 내렸다.

'화병충기畫餠充饑'라는 고사성어는 바로 이 이야기에서 유래했다. 이는 '그림의 떡으로 굶주린 배를 채운다.'라는 뜻으로, '겉보기에는 훌륭하지만 실속이 없음.'을 비유한 말이다.

화룡점정 畵龍點睛

글자 풀이

그림 화畵, huà, 용 용龍, lóng, 점 점點, diǎn, 눈동자 정睛, jīng

뜻 풀이

'어떤 일을 하는 데 있어 가장 긴요한 부분을 마쳐 완성함.' 또는 '글이나 말의 가장 긴요한 대목에서 그 뜻을 몇 마디 똑똑히 밝힘.'을 비유한 말이다. '화룡점정', '중심을 포착하여 한두 마디로 똑똑히 밝힌다.'라는 의미로 사용하기도 한다.

유래

당나라 때 '염립본'이라는 화가가 있었는데, 인물이나 산수화에 일가견이 있었다. 그의 아버지는 수나라 말기의 유명한 화가인 '염비'다. 염립본은 가풍을 이어 어린 나이에 이미 명성을 얻었기 때문에 무척 오만했다. 어느 날, 그는 형주에 유람을 갔다가 우연하게 6조 때의 장승요張僧繇가 그린 명화를 보게 되었다. 그는 이 작품이 명성에 비해 실력이 떨어진다고 생각했다.

형주에서 돌아온 염립본은 많은 사람들이 장승요의 그림을 대단하게 평가하는데, 이들이 모두 잘못 보았을 리가 없다고 생각했다. 그는 다음 날 다시 가서 그 그림을 보았는데, 이번에 보니 그림이 매우 훌륭했고, 당대의 보기 드문 명작으로 보였다.

집에 돌아온 후 그는 사색에 잠겼다. 왜 그렇게 많은 사람들이 장승요를 신선처럼 떠받들까? 혹시 내가 그림의 오묘한 부분을 발견하지 못한 것은 아닐까? 염립본은 이러한 의문을 안고 다시 한 번 그림을 보러 갔다. 이번에는 그림 주위를 여러 번 돌면서 여러 가지 각도로 관찰했고, 그 내용을 잘 음미해보았다. 자세히 살펴보다 보니 결국 그림의 핵심을 찾게 되었다.

장승요를 이야기할 때에는 '화룡점정'을 빼놓을 수 없다.

장승요가 제일 잘 그리는 것은 '용'이었다. 그는 금릉의 안락사에 네 마리 용을 그린 벽화 작품을 그린 적이 있다. 용의 몸체는 모든 부위가 생동하게 그려졌고, 비늘이나 발톱까지도 살아 있는 것처럼 생생했다. 그러나 그림을 그린 지 여러 날이 되도록 그는 눈을 그려 넣지 않았고, 보는 사람들은 어딘가 부족하다고 여겼다.

이날은 절간장이 열렸는데, 장승요도 자기 작품이 그려진 벽 앞에 나타났다. 장승요를 알아본 사람들이 '왜 용의 눈은 그려 넣지 않았는가?'라고 물었다.

이에 장승요는 "그려서는 안 됩니다. 눈을 그려 넣으면 용이 날아오를 것입니다." 하고 대답했다.

사람들은 당연히 믿지 않았고, 눈을 그려달라고 부탁했다. 장승요는 붓을 잡고는 "그럼 제가 두 마리 용만 눈을 그려 넣고 나머지 두 마리는 여기에 남겨두지요. 여러분께서는 멀리 피해 주십시오. 용이 날아오를 때 당신들을 상하게 할까 걱정됩니다."라고 말하고는 드디어 용의 눈을 그려 넣었다.

그러자 천둥 번개가 치고 큰 바람이 일었다. 눈을 그려 넣은 두 마리의 용이 하늘 높이 날아올라 몸을 몇 번 흔들더니 순식간에 구름 사이로 사라져 버렸다.

'화룡점정畵龍點睛'이라는 고사성어는 바로 이 이야기에서 유래했으며, '무슨 일을 함에 있어서 가장 긴요한 부분을 마쳐 완성시킴.' 또는 '관건이 되는 부분을 잘하면 뜻밖의 좋은 효과를 거둘 수 있음.'을 비유한 말이다.